GÜTERSLOHER
VERLAGSHAUS

G

Entdecken Sie mehr
auf www.gtvh.de

MARTIN HÄUSLER

STELL DIR VOR, JEDER SAGT DIE WAHRHEIT!

50 UTOPIEN, DIE DIE WELT VERÄNDERN

GÜTERSLOHER VERLAGSHAUS

»*Imagination is more important than knowledge.*«
ALBERT EINSTEIN

»*Evolution and all hopes for a better world rest in the fearlessness and open-hearted vision of people who embrace life.*«
JOHN LENNON

INHALT

STELL DIR VOR, ...

VORWORT

Im Frühjahr 2014 veröffentlichte die amerikanische Weltraumorganisation NASA eine Studie über die Zukunftsfähigkeit der Menschheit. Dafür hatte der Mathematiker Safa Motesharri der Frage nachgehen dürfen, welche Faktoren es eigentlich sind, die große Zivilisationen immer wieder zu Fall gebracht haben. Er setzte Variablen wie Bevölkerungswachstum, Klimawandel, Naturkatastrophen und den Zugang zu Wasser, Nahrung und Energie in seine Gleichung ein und kalkulierte verschiedene Szenarien. Unterm Strich kommt die Studie zu einer überaus ernüchternden Erkenntnis: »So ziemlich jedes Modell, das unsere heutige Realität widerspiegelt, läuft auf einen Kollaps hinaus.«[1]

Die Eliten hätten ein großes Interesse daran, das derzeitige Modell am Leben zu erhalten, auch wenn es zum Scheitern verurteilt ist, erläutert der Bericht. Das werde die Probleme nur verschlimmern. »Während einige zwar auf den Untergang hinweisen und das System ändern wollen, um eben diesen zu vermeiden, verweisen die Eliten und deren Unterstützer auf die lange zeitliche Haltbarkeit des Systems – um nichts ändern zu müssen.«[2]

Ein Jahr zuvor hatten britische Wissenschaftler Schreckensszenarien entworfen, um Politik wie Öffentlichkeit schonungslos vor Augen zu führen, wie schnell es mit der Menschheit – oder zumindest mit den Annehmlichkeiten unseres Lebensstandards – vorbei sein kann. Auf der sogenannten Doomsday List (Liste für den Tag des Jüngsten Gerichts) standen potenziell mögliche Sofortangriffe durch Nahrungsknappheit, Klimakatastrophe, Pandemien, Cyberattacken oder künstliche Computerintelligenz. »Wir sind weniger sicher als wir annehmen«, kommentierte Lord Rees of Ludlow, britischer Astronom und ehemaliger Chef der Royal Society. »Unsere politischen Führer sollten sich weit mehr Gedanken über Szenarien machen, die dankenswerterweise noch nicht eingetreten sind – Ereignisse, die genauso unerwartet über uns hereinbrechen können wie die Finanzkrise von 2008, aber mit einem globalen Totalzusammenbruch verbunden sind.«[3]

Die beiden Warnungen sind nur zwei weitere Höhepunkte einer Alarm-Serie, die spätestens 1972 mit dem legendären wie wirkungslosen Bericht »Die Grenzen des Wachstums« des Club of Rome begonnen hatte. Natürlich hat es seitdem viele Anstrengungen gegeben, den selbstzerstörerischen Kurs der Menschheit umzunavigieren. Natürlich lebt ein immer größerer Teil der Weltbevölkerung nach den Prinzipien ökologischer und sozialer Nachhaltigkeit. Natürlich wird an Herkulesprojekten wie der Energiewende gebastelt. Aber grundsätzlich haben die Warnungen nicht wirklich etwas bewegt, weder bei den politischen Eliten, die am Gängelband Hunderter Wirtschaftslobbys gehen, noch bei der großen Masse der Menschheit, die entweder so arm ist, dass sie wahrlich andere Probleme hat, oder sich so an ihren Wohlstand gewöhnt hat, dass sie nicht einsieht, messbaren Verzicht zu üben und Dinge anders zu tun.

In Zeiten, in denen wir Dinge aber anders tun *müssen*, um einen noch halbwegs bewohnbaren Planeten in die Hände der nächsten Generationen zu geben, sprechen Politiker wie Angela Merkel noch immer von der Alternativlosigkeit von Entscheidungen. Es stimmt: Heute *müssen* manche Entscheidungen alternativlos sein. *Diese* Entscheidungen hatte Merkel aber nicht gemeint, als sie 2010 dafür sorgte, dass der Begriff der Alternativlosigkeit zum Unwort des Jahres gewählt wurde. Damals ging es um die Alternativlosigkeit der Griechenlandrettung, »Stuttgart 21« war alternativlos, die Gesundheitsreform war alternativlos.

Dabei ist *nichts* alternativlos. In einer Zeit, in der die Menschheit auf ihr Endspiel zusteuert, *muss* es Handlungsalternativen geben.

Bastapolitik nach Parteiräson und Wirtschaftsgusto kann nicht das Nonplusultra sein. Wenn heute von Alternativlosigkeit gesprochen werden muss, dann nur in Bezug auf Entscheidungen, denen es in zum Teil radikaler Weise um den Erhalt der Lebensgrundlage der Menschheit geht. Das war bei den nationalen wie internationalen Grundsatzbeschlüssen der vergangenen Jahre aber selten der Fall.

Blickt man allein auf die apokalyptischen Bilder, mit denen über die Medien nahezu täglich Angst verbreitet wird, kann man kaum anders, als die Menschheit für verloren zu halten. Keine nachhaltige Lösung für den demographischen Wandel, keine nachhaltige Lösung für die Zähmung der Banken, keine nachhaltige Lösung, den Klimakollaps abzuwenden, keine nachhaltige Lösung, um die Kluft zwischen Arm und Reich zu schließen. Wirklich? Natürlich nicht. Unzählbar viele Variationen von Zukunft geben Anlass zu großer Hoffnung. Nur werden diese Utopien viel zu selten im Lichte der massenmedialen Kampfplätze zur Diskussion gestellt.

Dabei ist es überaus wichtig, uns immer wieder und in aller Öffentlichkeit die Frage zu stellen, in was für einer Welt wir leben wollen. Denn die Utopien von heute sind die Realitäten von morgen. Wir müssen die Handlungsspielräume, die wir definitiv haben, konsequent ausnutzen. Dafür dürfen – besser: müssen – die Utopien, die wir entwerfen, über die alten Horizonte hinausgehen, die wir derzeit in der Lage sind zu überblicken. »Wir müssen mehr Fantasie wagen!«, lautet heute der gesellschaftliche Imperativ frei nach Willy Brandt. Nutzen wir endlich die Kraft der Vorstellung und geben damit unserem schöpferischen Bewusstsein die Möglichkeit, Gedanken freizusetzen und so den ersten Impuls zu geben für den Wandel!

Ärgerlich wie beruhigend ist, dass viele Utopien, so fantastisch, irreal, bizarr und seltsam sie klingen mögen, sehr einfach und mit sehr wenigen Entscheidungen einzuleiten wären. Oft ist das Einzige, das dazu fehlt, der politische – oder allgemeiner – der menschliche Wille, der bedingungslose Vorsatz, ein Problem auf ungewöhnliche Weise bei der Ursache zu packen und keinem mehr etwas vorzumachen. Denn wir *haben* die Wahl. Geht es weiter wie bisher, schaffen wir uns ab. Entscheiden wir uns anders, öffnen wir neue, lebenswerte Räume. Die Antwort kann nur lauten: anders!

So sieht es auch Safa Motesharri, der Mann, der die NASA-Studie betreute. Er sagt nicht, dass der Kollaps unausweichlich ist. Am Ende appelliert er an die Eliten, die fürs Überleben notwendigen Balancen wiederherzustellen. Ein Weckruf für die Regierenden ist allerdings zu wenig. Steht heute doch *jeder* in der Verantwortung, seinen Teil zum Überdauern der Menschheit beizutragen. Und was wäre einfacher, als mit der *Vorstellung* von einer besseren Zukunft anzufangen? Haben nicht alle Revolutionen in einem einzigen Kopf begonnen?

Dieses Buch will diese ersten Impulse geben. Es bietet utopische Szenarien zum Staunen, Empören und Weiterdenken an, positive Utopien im Sinne des »guten Ortes« (griechisch: eu topos). In der Hoffnung, dass die eine oder andere ziemlich bald zum Leben erweckt werden mag. Dabei will und kann dieses Buch keinen Anspruch auf totale Vollständigkeit und komplette Schlüssigkeit erheben. Es muss Experimente wagen. Es muss bei allen recherchierten Fakten und Stellungnahmen der Fantasie freien Lauf lassen. Damit will es der kreative Akt sein, der möglicherweise genau den Widerstand erzeugt, den es gerade braucht. Viel Spaß!

MARTIN HÄUSLER

STELL DIR VOR, ...

... WIR KÖNNEN UNS GIFTFREI ERNÄHREN!

Wird das Brot zu teuer, steigt die Chance auf eine Revolution. Diese Faustregel konnte die Lebensmittelindustrie in den letzten Jahrzehnten mit billigsten Discounterpreisen außer Kraft setzen. Doch die Revolution kam trotzdem. Auslöser waren die unerträglich steigenden Zahlen krebskranker und dementer Menschen. Jedes Jahr starben Massen in der Größenordnung der australischen Gesamtbevölkerung von über 20 Millionen an Krebs. Jedes Jahr erkrankten über 100 Millionen Menschen an Alzheimer. Friedhöfe mussten drastisch erweitert werden. Die Krematorien dampften nonstop. In den Städten entwickelten sich Gesellschaften lebender Toter – atmend zwar, aber hilflos, weil geistig in anderen Sphären. Hauptauslöser waren das Gift im Fleisch, das Gift im Brot, das Gift im Apfel, das Gift im Salat, das Gift im Bier und das Gift in der Dose vom Bier.

Nachdem die im Schulterschluss mit der Wirtschaft marschierende Politik nicht Willens war, den Eintrag von Giften in unsere Nahrungskette radikal auf null zu setzen und damit Schaden von der Bevölkerung abzuwenden, unterzeichneten Hunderte besorgter Forscher, Ärzte, Ernährungsexperten und Prominenter einen offenen Brief an ihre Regierungen. Das wiederum führte dazu, dass erst einige Umweltaktivisten, dann Hunderttausende empörter Bürger Bauernhöfe und Äcker besetzten, die Anlieferung von Pflanzenschutzmitteltransportern stoppten und Landmaschinen in ihre Gewalt brachten. Auf ihren Plakaten: »Giftfreies Obst und Gemüse für die Unterschicht!«, »Demeter-Qualität für alle!« oder »Fresst euren

Scheiß doch allein!« Wieder einmal war es der gewaltige und lang anhaltende Druck aus der Bevölkerung, der bei den Regierenden einen weiteren Fukushima-Effekt auslöste – eine 180-Grad-Wende und die Ankündigung des Ausstiegs aus der chemisch unterstützten Nahrungsmittelproduktion.

Giftfreies Essen für alle also. Was nach einer banalen Forderung klingt, wurde zu einem der größten Kraftakte seit dem Zweiten Weltkrieg. Nicht einen militärischen Gegner galt es zu bezwingen, sondern den Goliath Lebensmittelindustrie mit seinen über Dekaden organisierten Lobbyisten-Trupps. Dieser Goliath hat mehr Todesopfer zu verantworten als jeder Krieg – und er wurde kaum daran gehindert.

Der Sündenfall Europas: Mit dem Marshall-Plan brachten die Amerikaner nicht nur ihre Landmaschinen über den Atlantik, sondern auch ihre Chemikalien, mit denen sie auf den Feldern Unkraut, Insekten und Pilze in Schach hielten, um massenhaft ernten und anschließend die Supermärkte befüllen zu können. Seitdem gehörte auch hier das Gift zum täglich Brot. »Vergessen Sie nicht: Pestizide sind Gifte. Die Sicherheit hängt von Ihnen ab!«, wurden 1964 US-Farmer zynisch von den Chemieherstellern per Aufklärungsvideo sensibilisiert.[1] Das musste reichen. Zwar gibt es heute Grenzwerte, die im sogenannten Codex Alimentarius der Welternährungsorganisation (FAO) und der Weltgesundheitsorganisation (WHO) festgelegt werden, aber dessen Plausibilität wird stark bezweifelt. Dem Normenverzeichnis für Nahrungsinhaltsstoffe, von dem es offiziell heißt, Verbraucherschutz zu gewährleisten, wird gar nachgesagt, Grundlage eines strategisch geplanten Angriffs auf die Volksgesundheit zu sein, um das Ausmaß der Weltbevölkerung zu kontrollieren.

Fest steht, dass Chemie-, Agrar- und Lebensmittelindustrie – unter anderem mit Studien, die für die Öffentlichkeit zensiert sind – starken Einfluss auf den Codex Alimentarius nehmen. Kritiker prangern an, dass die Kartelle bis heute nach dem Motto verfahren: Wir profitieren, das Risiko trägt allein der Bürger. »Ich weiß jetzt, dass die Giftrückstände in unseren Lebensmitteln von einem willkürlichen und unzuverlässigen Zulassungssystem herrühren«, sagt die französische Filmemacherin Marie-Monique Robin, die sich dem Thema verseuchter Nahrung in einer vielbeachteten Doku widmete.[2] In Robins Films versichert Erik Millstone, Politikprofessor an der Uni Sussex:»Solange die Regulierungsbehörden und die WHO die Praxis der Geheimhaltung von Studiendaten nicht ändern, hat sie das Vertrauen der Öffentlichkeit nicht verdient.«[3] Toxikologische Daten zur Sicherheit von Produkten, so Millstone, sollten Gemeingut sein. Zudem gelten besonders die Wirksamkeit geringer Giftdosen und der Effekt sogenannter Giftcocktails aus verschiedenen Nahrungsmitteln als nicht ausreichend erforscht.

Nach der Agrar-Revolution liegt jedoch alles auf dem Tisch. Schauderhafte Dokumente einer jahrzehntelang geduldeten Vergiftungspolitik. Dokumente, die den Anklägern vor dem Internationalen Gerichtshof für Menschenrechte in Den Haag als Faustpfand dienen, um die Drahtzieher der Nahrungsmittelbranche und die Politiker, die sie trotz besseren Wissens gewähren ließen, zu bestrafen.

Warum hatte man all die Jahre nicht gehandelt? Gingen doch Schätzungen der Weltgesundheitsorganisation davon aus, dass 80 bis 90 Prozent der drastisch zunehmenden Krebserkrankungen auf Lebensbedingungen und Lebensstil zurückzuführen sind.[4] Ernährung spielt dabei eine zentrale Rolle. Vor allem in den sogenannten hochentwickelten Ländern des Westens steht der Krebs als Todesursache ganz weit oben – während weniger industrialisierte Länder, die noch traditionelle Landwirtschaft betreiben oder nach den Rezepturen ihrer Ahnen ihr Essen zubereiten, diese Krankheit kaum kennen. Im Westen hat sich die Zahl der Krebsneuerkrankungen in den letzten 30 Jahren verdoppelt. Nach Ansicht vieler Wissenschaftler ist das die Konsequenz der industrialisierten Nahrungsmittelproduktion, bei der nach wie vor massenweise mit Pestiziden, Herbiziden und Fungiziden gearbeitet wird, mit chemischen Haltbarmachern und schädlichen Verpackungen. Nicht nur Krebs, auch Demenz, Schädigungen des Nervensystems und Unfruchtbarkeit werden in den allermeisten Fällen durch die Gifte ausgelöst, die die

Menschen täglich zu sich nehmen. Und warum wohl gilt Parkinson vielerorts inzwischen als Berufskrankheit bei Landwirten?

»Ich bitte um Verständnis für die Realität einer Branche, die so viele unterschiedliche Produkte unter nicht gerade leichten Bedingungen für einen Massenmarkt zur Verfügung stellen muss«[5]: Appelle wie der des neuen Hauptgeschäftsführers der Bundesvereinigung der Deutschen Ernährungsindustrie, Christoph Minhoff, von Anfang 2014 halfen mit, die Hoffnung zu begraben, dass eine entfesselte Milliardenindustrie freiwillig etwas ändern würde, sondern sich ausschließlich nach den Gepflogenheiten des Marktes richtet. Nach der Agrarwende kaufen auch Leute wie Minhoff nur noch Bio. Weil es nichts anderes mehr gibt. Für zehn Jahre wurde die arbeitsintensivere Bio- und Demeter-Wirtschaft staatlich subventioniert, danach entließ man die Betriebe in den freien Wettbewerb und bemerkte, dass die Preise nicht anstiegen, sondern ein Ringen um die beste Qualität eines Produktes initiiert wurde und nicht um dessen preiswerteste Herstellung. Eine rein biologische Landwirtschaft funktioniert.

Für die Volksgesundheit läutete der politische Entschluss eine neue Epoche ein. Nun können sich endlich auch Hartz-IV-Familien gesunde Nahrung leisten. Die Krebsraten gehen kontinuierlich zurück. Auch die Demenzfälle werden seltener. Die Zeugungsfähigkeit nimmt wieder zu. Nicht nur, weil in Nahrung, Getränken und deren Verpackung keine Giftstoffe mehr zu finden sind, sondern auch, weil die Haushalte nach einer Aufklärungskampagne ihre Küchenschubladen entrümpelten und giftverbreitende Gegenstände wie Plastik- oder Aluminiumbehältnisse ausrangierten. Die Krankenkassen wurden in Milliardendimensionen entlastet. Aus einem staatlichen Fonds werden unabhängige Studien bezahlt. Millionen Essversehrter aus der Zeit der Giftproduktion erhalten Entschädigungszahlungen von den Lebensmittelkonzernen – wie nach dem Contergan-Skandal, nur schneller. Sämtliche Patente auf Pflanzenschutzmittel wurden entzogen. Und die Verantwortlichen haben nach einem der größten Prozesse aller Zeiten ihren Gang in diverse Haftanstalten angetreten.

1.

Was bleibt, bis die Nahrungsrevolution kommt? Bis dahin liegt es an den Verbrauchern selbst, den Giftverzehr – etwa durch den Totalverzicht auf Fertigprodukte oder den kompromisslosen Kauf von Bioprodukten – so weit es geht zu reduzieren und zeitgleich das Immunsystem zu stärken, um den Giften wenig Angriffsfläche zu geben (siehe auch Utopie 5). Solange bis wieder die hippokratische Weisheit gelten kann: »Lass die Nahrung deine Medizin sein, und Medizin deine Nahrung.«

2.

STELL DIR VOR, ...

... DIE MENSCHEN FLIEHEN WIEDER AUFS LAND!

Wenn es nicht echt wäre, müsste man meinen, man säße inmitten der heilen Welt eines Rosamunde-Pilcher-Films. Ein zentraler Marktplatz, darum Läden und Bistros mit lokaler und regionaler Ware, schöne, bezahlbare Wohnungen, viel Grün, Spielplätze, eine ehemalige Kirche als ökumenischer Ort der Andacht, Kindergarten, Schulen, kein Verkehr, die Parkplätze vor den Toren des Dorfes, gelegen zwischen den Äckern und Feldern, deren Ertrag den Bedarf der örtlichen Bevölkerung deckt, die Einwohner jung wie alt, ethnisch durchmischt und beruflich breit aufgestellt. All die selbstverständlichen Errungenschaften innerstädtischen Zusammenlebens, die sich über Jahrtausende entwickeln konnten und innerhalb weniger Jahrzehnte vom Turbokapitalismus zerfressen wurden, haben eine nicht mehr für möglich gehaltene Renaissance erlebt.

Nicht etwa, weil Regierungen auf die Idee kamen, mit steuerfinanzierten Förderprogrammen das Landleben wieder attraktiver zu machen, sondern weil sich vom Stadtleben frustrierte Freundes- und Interessenkreise zusammentaten, um ganze Dörfer zu entern, die vor Jahren verlassen worden waren. Einige pendeln noch zu ihrer alten Arbeitsstelle, viele haben ausgedealt, ihren Job per »Home Office« zu erledigen, die meisten allerdings sortierten ihr Leben neu, indem sie im Dorf halbtags ihrer bisherigen Profession nachgehen und die andere Hälfte des Tages nutzen, für ihre Familie und die Dorfgemeinschaft Nahrung anzubauen, Reparaturen durchzuführen und die eigenen Fertigkeiten zur Verfügung zu stellen. »Urbane Subsistenz, Gemeinschaftsgärten, Tauschringe, Netzwerke der Nachbarschaftshilfe, Verschenkmärkte, Einrichtungen zur Gemeinschaftsnutzung von Geräten und Werkzeugen würden zu einer graduellen De-Globalisierung verhelfen«, bewertet der Volkswirtschaftler Niko Paech diese Entwicklung[1]. Der Oldenburger Professor sagt sogar, dass unser auf Wachstum basierendes Wohlstandsmodell unrettbar geworden und stattdessen Genügsamkeit angesagt sei, Selbstversorgung sei nie notwendiger als heute (siehe auch Utopie 13).

Die Rückkehr zum Dorfleben ist kein Rückfall in die Zeiten vorindustrieller Agrarkulturen. Was zuerst vielleicht so aussieht, ist ein gewaltiger Fortschritt in der Evolution menschlichen Miteinanders. Während die Auspizien des Niedergangs in erster Linie in den Städten zu beobachten sind, bietet das Dorf plötzlich die Form von Wohlstand, den man für einen gesunden Alltag braucht: die Wiederverbindung mit der Gruppe, die Wiederverbindung mit der Natur, die Wiederverbindung mit der Spiritualität. Dies alles aufgewertet durch die technischen und tatsächlich nachhaltigen Errungenschaften der Industriegesellschaft – wie Internet und regenerative Energiegewinnung.

2011 war die Welt gekippt. Erstmals lebten mehr als 50 Prozent der Menschen in Städten – oder sollte man von Molochen sprechen? Obwohl der Lebensstandard in den Ballungsräumen drastisch sank, hielt die Landflucht weiter an. Auf der hoffnungsvollen Suche nach Arbeit und vermeintlich besseren Lebensbedingungen wurde nahezu alles in Kauf genommen. Bereits die Wachstumsprognosen für

2.

2030 wurden weit übertroffen: Nicht 60 Prozent hatten sich mit und in den tumorartig wuchernden Metropolen arrangiert, über zwei Drittel der Weltbevölkerung verbrachten nun dort ihr Leben. Alle viel zu langsamen Anstrengungen von Regierungsinitiativen und Technologiekonzernen, in großartig visionären Akten nachhaltig funktionierende »Städte der Zukunft« für über sechs Milliarden Menschen zu bauen, wurden von der Realität niedergewalzt.

Die Bürger nahmen ihr Schicksal selber in die Hand. Ausgelöst durch die massenhafte Erkenntnis, dass Alltag in einem sterbenden städtischen Raum mit maroder Infrastruktur, schlechter Luft, ständigem Lärm und immer weniger Grünflächen keine Qualität hat, sondern unglücklich und krank macht, begann die Stadtflucht zu einem gigantischen Massenphänomen zu werden. Und man floh nicht mehr allein oder nur mit der eigenen Familie, man solidarisierte sich und machte sich in alters- und talentmäßig wild gemischten Gruppen, Cliquen, Bekannten- und Freundeskreisen Gleichgesinnter auf den Weg, um die verlassenen Dörfer wiederaufzubauen.

Vorbilder für das neue Leben auf dem Land waren die meist von visionären Einzelpersonen als Wertegemeinschaften gegründeten spirituellen Communitys, sogenannte Ecovillages und Permakulturen, deren Wurzeln zum Teil bis in die Sechzigerjahre des vergangenen Jahrhunderts zurückreichen. Die im Norden Schottlands beheimatete »Findhorn Community« und das südostindische Auroville, jene »universelle Stadt«, die niemandem wirklich gehört, zählen zu den populärsten Erfolgsbeispielen nachhaltigen Zusammenlebens. In Deutschland gilt das kurz nach der Einheit ins Leben gerufene Zentrum für Experimentelle Gesellschaftsgestaltung (ZEGG) im brandenburgischen Bad Belzig als Vorzeigeprojekt. Auf einem 16 Quadratkilometer großen Gelände leben über 100 Personen, um einen sozial und ökologisch nachhaltigen Gemeinsinn zu praktizieren und zu lehren. 100 Prozent der Heizenergie sowie 85 Prozent des Strombedarfs werden selbst generiert. Die rein vegetarische Küche wird durch den eigenen biologischen Landbau beliefert. Wie bei vielen Ökodörfern ist auch hier der Seminarbetrieb Haupteinnahmequelle.

Seit 1995 hält das Global Ecovillage Network (GEN) die Fäden der Stadtfluchtbewegung zusammen, verknüpft und berät weltweit inzwischen Tausende nachhaltiger Dörfer und Lebensgemeinschaften. Das GEN ist getrieben von der Vision, »eine Welt selbstermächtigter Bürger und Kommunen zu schaffen, die ihre eigenen Pfade in eine nachhaltige Zukunft planen und beschreiten und Brücken der Hoffnung und internationaler Solidarität bauen«.

In diesem Sinne ist das Landleben zu neuer Blüte gekommen. Es ist nicht mehr nur eine Sehnsucht, die in Dutzenden eskapistischer Wohlfühlzeitschriften oder eben im Heile-Welt-TV befriedigt wird. Es ist nicht mehr nur ein Ziel zur Wochenenderholung. Es ist wieder der Platz, an dem Leben passiert – und zwar lebenswertes Leben. Und damit sich Geschichte nicht wiederholt, sind diejenigen in den vielen wiederbelebten Dörfern unerwünscht, die mit übertriebenem Kommerz auf Expansionskurs gehen wollen. Die beiden Hauptgesetze der Postwachstumsökonomie stehen als Mahnung auf jedem Ortsschild: Suffizienz und Subsistenz – also das konsequente Ausmustern von Wohlstandsschrott und Wohlstandsverhaltensweisen einerseits (Genug ist genug!) und die ebenso rigorose Verwandlung von der Fremd- zur Selbstversorgung (Ich durch mich!).

Und die Metropolen, die sich im Zuge der Stadtflucht mehr und mehr entleert haben – was wird aus ihnen? Zum Teil ergeht es ihnen anfangs so wie Detroit oder Duisburg zu Beginn des dritten Jahrtausends, wo stadtteilweise abgerissen wurde und die Mietskasernen, Produktionshallen und Konsumtempel von einst dem Erdboden gleichgemacht wurden. Parkanlagen, Wiesen, Bäume halten so wieder Einzug in Territorien, in denen früher der Betondschungel wuchs – und schaffen plötzlich Lebensqualität. Das wiederum hat den Städten die Chance gegeben, sich mit zeitlichem Verzug in eine ähnliche Richtung zu bewegen wie die Ecovillages in der Provinz – und sich selbst zu heilen.

STELL DIR VOR, ...

... ES GIBT KEIN GELD!

1988 machten sich die Schöpfer der »Star Trek«-Anthologie Gedanken über eine Welt ohne Geld. In Episode 26 der ersten TV-Staffel lassen sie die Crew um Captain Picard im All einen alten Satelliten einsammeln. Darauf finden sie drei Menschen, die sich im 20. Jahrhundert hatten einfrieren lassen. Nach der Reanimation fordert einer von ihnen, ein Finanzmakler, sofort zu seiner Bank gebracht zu werden. Er müsse sich um sein Vermögen kümmern. »Wir sind im 24. Jahrhundert, materielle Nöte existieren nicht«, klärt ihn Jean-Luc Picard auf. »Was hat man da noch für ein Ziel?«, fragt der Aufgetaute aus der Vergangenheit. Antwort: »Sie können sich weiterentwickeln, ihr Wissen vergrößern. *Das* ist ein Ziel.«

Eine Gesellschaft, die durch und durch von Geld gestaltet, bestimmt und reguliert wird, wird eine grundlegend andere sein, sobald die Dollar-, Euro- und Yuán-Zeichen aus dem täglichen Leben verschwinden. Sie wird sich wandeln zu einer Gesellschaft des Teilens, des Tauschens und der Talente.

Der Banker steht nicht mehr deswegen hoch um Kurs, weil er Millionenkredite vergibt und sich selbst ein Millionenvermögen zusammenverdient hat. Er ist gefragt, weil er ein guter Organisator ist und jetzt Krankenhäuser managt. Der Steuerberater ist nicht mehr wohlgelitten, weil er mit gerissenen Finanztricks hilft, sondern weil er fabelhaften Honig, schmackhafte Marmelade und hervorragendes Öl herstellt. Die Finanzbeamtin wird endlich gemocht und hat erstmals Spaß an ihrem Job, weil sie sich nun hingebungsvoll mit behinderten Kindern beschäftigen kann. Und der Ingenieur, dessen visionäre Vorschläge in einem allein auf Profit getrimmten Großkonzern nicht gehört wurden, kann nun in einem Unternehmen, das auf gesellschaftlichen Nutzen setzt, seine Ideen für neue Technologien voll zur Entfaltung bringen. Kurz: Finanzberufe sterben, Sozialberufe blühen. Profitmaximierer gehen, Sozialisierer kommen. Dienst nach Vorschrift ist am Ende, die Kreativen kriegen ihre Chancen. Aus Leistungsgesellschaft wird Gesellschaftsleistung (siehe auch Utopie 37).

Der kalifornische Investmentberater Joseph Alexopoulos hält Vorträge darüber, welche Vorzüge eine Gesellschaft der Talente, er nennt es »resource based economy«, gegenüber der aktuellen profitgeprägten Gesellschaft, er nennt es »mad economy«, hat. »Das Größte, das uns in unserem aktuellen System verloren geht, sind Ideen«, sagt er. »Ideen sind aber die Vorläufer von Innovationen. Wir verschwenden Milliarden von Leben, Billionen von Stunden, die unseren Lebensstandard nachhaltig auf ein Niveau erhöhen würden, das uns heute unvorstellbar erscheint. Weil eine neue Technologie ein existierendes Profitmodell zerstört, wird die Innovation unterm Deckel gehalten. Wirklich neue Technologien vermögen es gar, die Preise fallen zu lassen, wie bei einer Hyperdeflation. Geld würde irrelevant. Stellen Sie sich eine ressourcenbasierte Gesellschaft vor! Ein solches System hält keine Ideen zurück, es fördert sie. Wir können die Richtung ändern!«[1] Für solche Thesen erntet Alexopoulos kräftigen Applaus. Auch dafür, dass er vorgibt, nicht zu verstehen, dass ständig niedrige Arbeitslosenzahlen bejubelt werden. »Warum, wenn Leute Jobs tun müssen, die sie gar nicht tun wollen?«

In der Tat bleibt einem Menschen im Jahr 2014 nichts anderes übrig, als zu dienen und zu verdienen, um zu überleben. Er prostituiert sich, verkauft seine Lebenszeit, seine Intelligenz, seine Kraft und bekommt Geld dafür. Laut einer Studie des Marktforschungsinstituts YouGov von 2013 sind aber bereits 50 Prozent aller deutschen Arbeitnehmer mit ihrer Jobsituation unzufrieden. Eine Studie der GfK (Gesellschaft für Konsumforschung) aus demselben Jahr fand heraus, dass lediglich fünf Prozent der Angestellten ihren Job lieben. Für Geld tut man alles. Oder eher: Für Geld muss man alles tun.

3.

In einer Gesellschaft ohne Geld entfällt der Zwang, eine Stelle nur aus materieller Not heraus anzunehmen. Man hat keinen Beruf, man folgt seiner Berufung. Gleichzeitig richten sich soziales Prestige und Status nicht mehr nach finanziellem Vermögen. Stattdessen wird man an persönlichen Fertigkeiten und Fähigkeiten, Sozialverhalten und Seelenbildung gemessen, daran, was jeder einzelne in die Gemeinschaft mit einbringen und anbieten kann. Oben und Unten sind plötzlich auf Augenhöhe, alle Talente stehen auf einmal zur freien Verfügung. Sämtliche wirtschaftlichen und sozialen Blockaden, die das Geld beziehungsweise seine Vermehrer geschaffen haben, sind aufgehoben. Die Konsequenz: zwangsläufig zufriedenere und gesündere Menschen, friedvolleres und verantwortungsvolleres Zusammenleben, technologischer Aufschwung im Sinne des Allgemeinwohls und eine höhere Qualität von Produkten – weil sie die Menschen endlich mit *Leidenschaft* herstellen.

Eine Agentur für Arbeit, wie sie heute die Arbeitslosen verwaltet, ist bei derartigen Zuständen obsolet. Eine Talentagentur führt ausnahmslos alle Bürger in ihrem Register – von A wie Altenpfleger bis Z wie Zimmermann. Jeder Arbeitsfähige kann mehrere Talente angeben, das heißt sich für verschiedene Tätigkeiten empfehlen. Für unterbesetzte Berufe mit schlechtem Image gibt es eine Art Zivildienst, den jeder einmal im Jahr für eine Woche leisten muss. Das erdet und schützt davor, sich in einem Anflug von Elitendünkel aus der gesellschaftlichen Verantwortung zu stehlen.

4.

… ES HAT EINE MENSCHHEIT VOR DER MENSCHHEIT GEGEBEN!

Langsam bringt das weitflächig verglaste U-Boot die Karibiktouristen auf 75 Meter Tiefe. Das Tageslicht schwindet. Der Kapitän schaltet die Flutlichter ein. Irgendwann tauchen aus der Dunkelheit Silhouetten auf, erst Mauern, Türme, Dächer, wenig später auch Säulen, Statuen, erst vereinzelt, dann gleitet man durch eine komplette Stadt. Atemberaubend. »Und auf der rechten Seite sehen Sie den Palast des Gründervaters Poseidon.« Einmal Atlantis hin und zurück für 998 Euro. Ein Spottpreis im Vergleich zu den Space-Trips von Richard Branson. Und doch so bahnbrechend.

Nachdem sich die globale Archäologen-Elite wegen des übermächtig werdenden Beweisdrucks endlich dazu entschlossen hatte, die Geschichte der Menschheit auch offiziell neu zu schreiben, begann auf der ganzen Welt ein touristischer Run auf die Stätten, die uns die bisher unbekannten Zivilisationen hinterlassen hatten.

Sie heißen Atlantis, Hyperborea, Mu, Lemuria, Hy Brasil, Agartha und Kumari Kandam. Die Orte sollen die Heimat von Hochkulturen gewesen sein, hier, auf der Erde, weit entwickelte Zentren gewaltiger Zivilisationen mit überregionaler Macht. Deren Bauten werden unsichtbar unter Wasser vermutet, untergegangen in großen Katastrophen – oder gar immer noch belebt im Innern der Erde. Die offizielle Wissenschaft ordnet die Länder mit den wohlklingenden Namen ins Reich der Legenden ein und überträgt in erster Linie der fiktionalen Literatur die Deutungshoheit; Umberto Eco schrieb 2013 ein Buch über die utopischen Orte, die sich in den Schriften unserer Kulturen wiederfinden. Kein Deut davon, dass es sie wirklich gegeben hat.

4.

Was aber, wenn diese utopischen Orte tatsächlich existierten? Wenn Platon, Herodot, Jules Verne oder der Forscher Ernst Haeckel, die sich in ihren Werken ernsthaft mit untergegangenen Zivilisationen beschäftigten, nicht einfach nur herumgesponnen haben?

Es bedeutete nicht bloß einen Batzen Arbeit für Universitäten, Archäologen, Schulbuchschreiber und Museen. Die größere Konsequenz läge in der mitunter philosophischen Ausdeutung vierer Fragen: Woher mögen die Schöpfer dieser Kulturen gekommen sein? Warum sind diese Kulturen untergegangen? Warum wird das Wissen über sie ignoriert? Und welche Auswirkung hätte das neue Wissen um unsere Vergangenheit auf unser aktuelles Bewusstsein?

In den vergangenen Jahren und Jahrzehnten haben sowohl einige Zufälle als auch der Ehrgeiz von Amateurarchäologen und grenzwissenschaftlichen Autoren unzählige Theorien und Indizien zutage gefördert, die laut ihrer Entdecker die offizielle Geschichtsschreibung des modernen Menschen infrage stellen, wenn nicht sogar über den Haufen werfen, würde man diese konsequent ins bestehende Weltbild integrieren.

Zur Erinnerung: In der Schule haben wir gelernt, dass unsere Ahnen um 12 000 v. Chr. sammelten und jagten und nach dem Essen am liebsten Tiere an die Höhlendecke malten. Die Krone der menschlichen Schöpfung damals waren Faustkeile oder Speerspitzen aus Stein. Ackerbau und Viehzucht waren noch nicht erfunden.

Giorgios Tsoukalos, schweizerisch-griechischer Autor und Berater einer TV-Reihe über Präastronautik im amerikanischen History Channel, sagt: »Überall auf der Welt, in Frankreich, in Japan, in Indien befinden sich Bauwerke unter Wasser. Entweder unsere Vorfahren hatten Tauchausrüstungen, was ich nicht glaube. Oder all das wurde gebaut, als der Meeresspiegel noch tiefer lag. Das war vor rund 14 000 Jahren der Fall. Da hausten wir laut der offiziellen Wissenschaft aber noch in Höhlen.«[1] Sein Kollege Graham Hancock, britischer Journalist und ebenfalls Vertreter der Präastronautik, also der Theorie, raumfahrtbetreibende Völker hätten vor Jahrtausenden die Erde besucht, ergänzt: »Wir kennen keine Steinzeitzivilisation, die sich mit solch riesigen Zeremonialbauten beschäftigt hat.«

Hat also tatsächlich eine verschollene voreiszeitliche Hochkultur auf unserem Planeten gelebt oder ihn gar besucht, inspiriert, beeinflusst? Selbst die seit 50 Jahren vom Urvater der Präastronautik Erich von Däniken weltweit zusammengetragenen Indizien haben bislang nichts an unserem Verständnis von der Menschwerdung ändern können.

Fest steht jedoch: Der Meeresspiegel lag während der letzten Eiszeit um einiges tiefer als heute. Die große Schmelze der kilometerdicken kontinentalen Eisschilde begann vor 21 000 Jahren und endete vor 10 000 Jahren. Schätzungsweise 26 Millionen Quadratmeter Land wurden weltweit überschwemmt. »In diesen verborgenen Landstrichen forscht die Archäologie viel zu wenig«, bekundet der US-Verleger David Childress.[2]

So hat es die Menschheit vor allem unfreiwilligen Entdeckern zu verdanken, dass ihre Vergangenheit um ein paar Variationen reicher wurde. 2001 stießen von der indischen Regierung mit der Analyse der Wasserverschmutzung beauftragte Forscher im Golf von Khambhat auf regelmäßige Strukturen, die ihnen der Radar reflektierte. Die Aufnahmen enthüllten ein enormes Geflecht von über 13 Quadratkilometer verteilten Steinbauten, versunken vor rund 9000 Jahren, zu einer Zeit also, von der die etablierte Archäologie behauptet, dass es noch gar keine Städte hätte geben können. Dutzende von Artefakten holte man nach oben. Deren Datierungen reichen bis zu 32 000 Jahre zurück.

Nicht viel weiter nördlich wurden in den Gefilden vor Dwarka Ruinen gefunden, von denen vermutet wird, dass sie die Überreste der Tempelanlage des Gottes Krishna seien. In der offiziellen Geschichtsschreibung ist die indische Kultur 4000 bis 5000 Jahre alt. Die Ruinen werden mal auf 12 000 Jahre, mal auf 32 000 Jahre geschätzt. Haben also doch einige Hindugelehrte recht, die behaupten, ihre Kultur sei einige 10 000, wenn nicht sogar 100 000 Jahre alt? Die Legende sagt, dass Krishna nach einer feindlichen Auseinandersetzung, die seine Festung zerstörte, die Erde verließ. Die Stadt wurde daraufhin von den Fluten geholt. Sind die alten Mythen doch mehr als simple Fantasie, nämlich echte Geschichtsschreibung?

4.

Der größte Mythos ist der von Atlantis. Plato schuf ihn, indem er im Jahre 360 v. Chr. in seinen Schriften Timaios und Critias von einem hochentwickelten Staat erzählte, der 9000 Jahre vor seiner Zeit existiert haben soll. Mitten im Atlantik, ausgedehnt über viele Inseln, die Städte symmetrisch angelegt, ausgestattet mit einer starken Flotte. Auch Atlantis soll laut Plato innerhalb kürzester Zeit vernichtet worden sein. Vertreter der Präastronautik deuten die antiken griechischen Texte so: Die Atlanter müssen von Beginn an Kontakt zu einer außerirdischen Kultur gehabt haben. Anders sei die fortschrittliche Baukunst nicht erklärbar. War der Gründer von Atlantis, der griechische Gott Poseidon, etwa genauso ein außerirdischer Herrscher wie Krishna? Sind die unterseeische Straße, die 1968 der Meeresbiologe Manson Valentine vor Bimini fand, und die riesige Stadtstruktur, auf die im Jahr 2000 die Ozeanografin Paulina Zelitsky vor Kuba gestoßen ist, Überreste dieses legendären Imperiums, eines Außenpostens kosmisch operierender Kulturen?

Den gewaltigsten größten Fund in der Geschichte der Unterwasserarchäologie machte 1985 der japanische Reiseveranstalter Kihachiro Aratake, als er nach neuen Tauchgründen suchte. Südlich von Japan stieß er in 25 Metern Tiefe auf einen monströsen steinernen Komplex mit verschiedenen Plateaus, unzähligen rechten Winkeln, begehbaren Gängen, tunnelbildenden Megalithen. Da das sogenannte Yonaguni-Monument seit der letzten Eiszeit unter Wasser liegt, muss es vor mindestens 10 000 Jahren erbaut worden sein. Eigentlich unvereinbar mit der japanischen Geschichte – und der der Menschheit.

Nun wurde der Bann gebrochen. Die viele Jahrzehnte meist privat betriebene »verbotene Archäologie« durfte allgemeines Kulturgut werden. Die Regierungen ließen ihre staatlich subventionierten Altertumsforscher von der Leine. »Ja, die Erde war schon vor dem, was wir Menschheit nennen, bevölkert. Es deutet vieles darauf hin, dass diese Zivilisationen nicht auf der Erde beheimatet waren.« Erstmals schafft es Erich von Däniken in Hauptnachrichten und Sondersendungen. Und den Zuschauern ist klar geworden: Wir

Homo sapiens sind nun wirklich nichts Besonderes. Und erst recht sind wir nicht einzigartig. Alles, für was wir uns gehalten haben, ist sehr, sehr relativ. Denn offensichtlich ist unser Planet nur eine – zugegeben sehr schöne – Raststätte auf der Landkarte raumfahrtbetreibender Kulturen. Aber wir sind eben nur eine elende Raststätte und aufgrund unserer Rückständigkeit selbst nicht in der Lage, uns am kosmischen Tourismus zu beteiligen. Zumindest bisher, denn auf die Aufklärung über unsere Vergangenheit folgte die Aufklärung über unsere Gegenwart … (siehe Utopie 18).

Die wohl wichtigste Erkenntnis: Zivilisationen sind offenbar nicht für die Ewigkeit gemacht. Bisher zumindest. Sie kamen, und sie gingen. Variabel scheint nur die Zeit zwischen dem Kommen und dem Gehen. Abgesehen von kataklystischen Ereignissen, die nicht beeinflussbar sind, hat es der Homo sapiens also selbst in der Hand, wie lange er verweilen darf. Eine profunde Lehre in Zeiten globaler Selbstvernichtung.

5.

STELL DIR VOR, ...

... WIR KÖNNEN MIT LIEBE HEILEN!

Bei manchen reicht ein einziger kraftvoller Gedanke. Andere geben mit einer innigen Umarmung den Heilimpuls. Die allermeisten lassen ihre Hände über die schmerzende Stelle wandern, um sich oder ihr Gegenüber auf den Weg der Gesundung zu bringen. Das, was früher als Wunder oder Spontanheilung sporadisch für Schlagzeilen gesorgt hatte und von der Schulmedizin nur mit Achselzucken kommentiert wurde, ist heute an der Tagesordnung.

Besonders selbstverständlich gehen Kinder mit der neuen Art des Heilens um, haben sie doch nie etwas anderes kennengelernt. »Und das habt ihr alles geschluckt, um gesund zu werden?« Diese Frage mussten sich viele Eltern anhören, als sie die überflüssigen und längst abgelaufenen Medikamente in den Sondermüll schmissen. Gefolgt von: »Und *wie* oft warst du im Krankenhaus?«

Dass der Mensch imstande ist, sich selbst und andere mit Gedankenkraft zu heilen, wird inzwischen schon im Kindergarten vermittelt. »Mens agitat molem« (Der Geist bewegt die Materie), eine Weisheit des römischen Dichters Vergil, ist der erste fremdsprachige Satz, den der Nachwuchs lernt. Er steht über jeder Kita, jeder Schule, jedem Krankenhaus. Und jedes Kind weiß: Erst wenn man die Gedankenkraft mit bedingungsloser Liebe, mit Hingabe und Dankbarkeit füllt, kann sie ihre ganze Wirkung entfalten.

Die Aufklärung über die Heilkraft der Liebe hat das Gesundheitssystem gravierend verändert. Kliniken stehen leer – und werden abgerissen. Nur diejenigen Hospitäler können überleben, die ihr Therapieangebot ganzheitlich ausrichten und erfahrene Geistheiler einstellen. Früher mächtige Pharmaunternehmen müssen Insolvenz anmelden. Die Zahl der Apotheken ist auf das Niveau von Metzgereien gesunken. Nie war es den Menschen so gut gegangen. Die Lebenserwartung hat sich drastisch erhöht. Die Krankenkassenbeiträge konnten erheblich gekürzt werden. Die Universitäten bilden viel weniger Chirurgen aus, dafür sind medizinische Studiengänge, die den Geist als heilendes Instrument ausbilden, äußerst beliebt (siehe auch Utopie 24).

Ein langer, steiniger Weg war es bis dorthin. Dabei kannten visionäre Wissenschaftler schon vor Jahrzehnten die Zusammenhänge zwischen Geist und Körper. In erster Linie war es die Quantenphysik, die für Aufklärung sorgte. Die neuen alten Wahrheiten lieferte sie auf einem für jeden verständlichen Schülerniveau. »Alle Materie, die uns umgibt, ob Lebewesen oder Gegenstände, besteht aus Atomen. Wie wir noch aus dem Chemie-Unterricht wissen, bestehen diese Atome unter anderem aus Elektronen«, erklärt der Quantenphysiker Dr. Michael König. »Diese Elektronen kommunizieren.

Zwischen ihnen wirken elektromagnetische Felder, die aus hin- und herflitzenden Biophotonen bestehen. Photonen sind kleinste, nicht mit dem bloßen Auge sichtbare Lichtquanten, Lichtportionen der elektromagnetischen Strahlung. Wir nennen diese Photonen dann Biophotonen, wenn es sich dabei um Quanten handelt, die sich in einem Organismus bewegen, in und zwischen lebendigen Zellen. Über diese Biophotonen tauschen Elektronen untereinander Informationen aus.«[1]

Da unsere Gedanken und Emotionen ebenso elektromagnetische Vorgänge nach sich ziehen, sind auch auf der geistigen Ebene Biophotonen im Spiel. »Und die haben entsprechende Wirkung im Materiellen. Das hat die Gehirnforschung längst herausgefunden«, sagt König. »Unser Bewusstsein ist auf Elementarteilchenebene verankert.« Die informierten Biophotonen wirken nicht nur im eigenen Körper, sondern über die elektromagnetischen Felder, die der Körper konstituiert, auch zwischen Menschen. Werden nun je nach Stimmungslage oder persönlicher Haltung informierte Photonen ausgetauscht, werde, so Michael König, die Qualität der Materie verändert. »Machen wir uns Gedanken der Liebe, formen diese Gedanken auch unsere Realität, weil wir das, was wir denken, auch zu manifestieren versuchen. Das steckt in dem schöpferischen Prozess, der in uns angelegt ist.«

Die Kraft der Liebe sei aus quantenphysikalischer Sicht von destruktiven Kräften wie Hass oder Angst ganz klar zu unterscheiden, weiß der Wissenschaftler. »Liebe ist eine erhaltende Kraft. Liebe ist Leben. Für mich ist Liebe die stärkste Kraft im Universum. Gefühle der Liebe schlagen sich nieder im Photonenaustausch und in der Photonenmenge. Je mehr Lichtteilchen wir in unserem Körper haben oder austauschen, umso mehr Liebe tragen wir in uns oder geben wir. Je stärker der Austausch von Photonen – also von informierter Energie – in Gang kommt, je mehr Liebe im Spiel ist, umso mehr werden auch Strukturen veränderbar. Ohne Informationsaustausch allerdings passiert gar nichts.«

Der klassische Beweis einer »Liebesspende« sei, so König, die Heilung durch Handauflegen. »Wenn ein Mensch, der über eine höhere Biophotonenkonzentration verfügt, einem kranken Menschen, der gerade eine sehr geringe Biophotonenkonzentration hat, die Hand auflegt, fließen Biophotonen vom Therapeut zum Therapierten. Das beschleunigt Heilprozesse. In einigen Krankenhäusern und Kliniken wird diese Erkenntnis schon angewendet. Auch Schulmediziner öffnen sich immer mehr diesen Heilmethoden.«

Schulmediziner wie Prof. Dr. Waldemar Uhl, Chirurg und Krebsspezialist am St.-Josef-Hospital in Bochum. Er hält komplementärmedizinische Therapien für überlebenswichtig. Besonders die Form von Meditation, bei der auch der Partner eine Rolle spielt, hält er für hoch wirksam: »Gerade durch diese Liebe, durch diese Berührung mit Handauflegen, das Verständnis füreinander und den Glauben schöpfen die Patienten Hoffnung. Das kann auch innere Selbstheilungskräfte wecken – und führt die Partner wieder zusammen, die oft nebeneinanderher gelebt haben.«[2] Uhl arbeitet dafür mit dem Heiler Wolfgang Maly zusammen, der den operierten Patienten in einem Kloster die Meditation beibringt. »Das Herz«, beschreibt der Zellbiologe Bruce Lipton, »ist bei alldem das Kraftwerk des Geistes, denn es verstärkt und sendet unsere emotionalen Informationen ins Universum.«[3]

Beim Auslösen von Heilprozessen ist es daher wichtig, sich in Meditationen oder auch Gebeten das Resultat lebhaft und – im wahrsten Sinne des Wortes – gefühlvoll vorzustellen. Nach dem Motto: So fühlt es sich an, gesund zu sein (siehe auch Utopie 24)! Mit Verweis auf verschiedene Studien kommt Bruce Lipton zu dem Schluss: »Die Wissenschaft hat den Weg nachvollzogen, wie Liebe heilt: Lenken wir unsere Aufmerksamkeit auf das Herz, dann erhöhen wir die Synchronisation zwischen Herz und Gehirn, was wiederum unser Nervensystem beruhigt und unsere Stressreaktion mindert. Sind wir in einem Zustand der Herz-Kohärenz, nutzt der Körper seine Energien für Wachstum und Erhalt.« Wir sind so in der Lage, so Lipton, Krebszellen »zu Tode zu lieben«. Und er fragt sich: Wenn das schon geht, warum können wir dann nicht auch Terroristen oder andere »Sozialpathogene« in einen Zustand von Harmlosigkeit zurücklieben?[4]

Die Heilkraft der Liebe hat in der Tat nicht nur unser Verhältnis zu körperlichen Krankheiten verändert. Sie sensibilisierte unser Bewusstsein auch dafür, Teil eines großen gesellschaftlichen Ganzen zu sein und auf Versöhnung statt auf Spaltung zu setzen (siehe auch Utopie 16). Quantenphysiker König formulierte schon früh diese Hoffnung: »Je mehr wir es schaffen, uns selbst mit mehr Freude zu begegnen, umso mehr Qualität erhält auch unser unmittelbares Lebensumfeld. Erinnern wir uns an die von uns abstrahlenden elektromagnetischen Biophotonenfelder. Fängt jeder mit den Veränderungen bei sich selbst an, ist das eine sehr gute Voraussetzung für das, was da noch alles auf uns zukommt. Denn dieser Planet steht in der Tat vor großen Umwälzungen.«[5]

John Lennon fand für die gleiche Mechanik diese Worte: »Wenn die Macht der Liebe die Liebe zur Macht überwindet, dann wird die Welt in Frieden leben.«[6]

6.

STELL DIR VOR, ...

... WIR ETABLIEREN EIN PARALLELES INTERNET!

Viele Kommentare zum NSA-Skandal waren an Naivität nicht zu überbieten. »Mir macht es nichts, wenn ein Geheimdienst meine Mails und meine Internetaktivitäten checkt. Ich habe nichts zu verbergen!« 2013, als die Ausspähaffäre durch Edward Snowden ans Tageslicht kam, sprachen viele genau so. Haarsträubend. Denn würde irgendwann einmal so etwas wie eine Revolution gegen staatliche Willkürherrschaft geplant werden, dann würde sie höchstwahrscheinlich von unten übers Netz organisiert – und damit im Keim erstickt werden können.

6.

Bekanntlich wurde die ägyptische Revolution von 2011 in der virtuellen Welt initiiert und koordiniert. Wenige Anrufe bei Internet-Anbietern hatten jedoch ausgereicht, um innerhalb einer halben Stunde über 90 Prozent Ägyptens offline zu schalten. Die türkische Regierung unter Recep Tayyip Erdogan bediente sich 2014 mit dem Abschalten von Twitter und YouTube ähnlicher Mittel, um weitere Aufstände gar nicht erst entstehen zu lassen. Überwachen, zensieren, abstellen, zugreifen. Seit Snowden weiß man, dass dieser Mechanismus nicht nur in autoritär geführten Staaten angewandt wird.

Das war natürlich längst all denen bewusst, die mit dem Netz aufgewachsen sind und sich politisch interessieren. Derer finden sich besonders viele unter den Sympathisanten der internationalen Piratenparteien und selbstverständlich im Dunstkreis von Interessengemeinschaften wie dem Chaos Computer Club. Aus dieser Klientel stammen nun auch die Drahtzieher der sogenannten »Next Internet«-Kultur, diverser Internetalternativen, die unabhängig von der bisherigen Infrastruktur funktionieren und gegen den Zugriff von Dritten resistent sind. Damit sind virtuelle Freiräume geschaffen worden. Frei von Observation. Frei von Blockaden. Frei von Kommerz. Netze, wie sie sich die Internetpioniere der Neunzigerjahre einmal gedacht hatten. Pioniere wie der amerikanische Politikberater und Aktivist John Perry Barlow, der 1996 seine »Declaration of the Independence of Cyberspace« mit den Worten begonnen hatte: »Regierungen der industriellen Welt, ihr müden Riesen aus Fleisch und Stahl, ich komme aus dem Cyberspace, dem neuen Zuhause des Geistes. Als Vertreter der Zukunft bitte ich euch, die ihr aus der Vergangenheit kommt, uns in Ruhe zu lassen. Ihr seid uns nicht willkommen. Dort, wo wir uns versammeln, habt ihr keine Souveränität.«[1] Genauso pathetisch beendete Barlow die Beschreibung seiner Utopie: »Wir werden eine Zivilisation des Geistes im Cyberspace erschaffen. Möge sie menschlicher und fairer als die Welt sein, die eure Regierungen hervorgebracht haben.«

Für diese menschlichere und in höherem Maße faire Zivilisation konnte nun endlich der notwendige Raum geschaffen werden, im zweiten Anlauf quasi. Das alte Internet, dieses virtuelle Babel, in dem sich keiner mehr gerne aufhielt, der frei, bewusst und mündig sein Leben leben wollte, wurde den Handlangern von Turbokapitalismus, Diktaturen und Pseudodemokratien überlassen.

Bereits 2014 hatten Internetvisionäre damit begonnen, ein sogenanntes Schattennetz, auch Darknet genannt, zu etablieren, ein zweites Internet, das ohne zentrale Knotenpunkte, ohne IP-Adressen und ohne Domainnamen auskommt. Nutzer dieses neuen Raumes tauschen Inhalte untereinander direkt aus, Webserver sind nur noch zum beschleunigten Datentransport notwendig, bei der Adressierung wird auf das bisherige Domain-Name-System (DNS) verzichtet und ein alternativer Verzeichnisdienst verwendet, der die Usernamen im Internet verwaltet. Dieses Schattennetz nutzt die bestehende Internet-Infrastruktur, ist aber deutlich robuster gegen Sperren von Providern.[2]

Zusätzlich wurden verschiedene Mesh-Netzwerke etabliert.[3] Sie basieren auf neu entwickelten Hardware-Teilen wie Routererweiterungen oder Antennenanlagen, die sich mithilfe einer entsprechenden Software untereinander vernetzen. Damit bieten sie die ursprüngliche Dezentralität des Internets, verleihen Autonomie und Diskretion. Boten zu Beginn des dritten Jahrtausends vereinzelte, meist lokale Mesh-Netzwerke wie das Guifi-Netz in Spanien oder das Wireless Metropolitan Network in Athen in erster Linie Tüftlern und finanziell schwächer Gestellten Online-Kommunikation, sind heute über den ganzen Globus Mesh-Netzwerke verteilt. In nahezu jeder Krisenregion nutzt die Opposition ihr eigenes Mesh-Netzwerk. Isaac Wilder, Gründer der amerikanischen Free Network Foundation, hatte schon während der Hochphase der Occupy-Bewegung an der New Yorker Wall Street kurzerhand ein Network für die Protestierenden aufgebaut, damit diese unbehelligt ihre Aktionen absprechen konnten. Leute wie er trieben den Ausbau der Alternativnetzwerke voran. Großen Anteil an der Befreiung des virtuellen Raumes hatten auch Projekte wie die Freedom-Box. Deren über Crowdfunding finanzierte Entwicklung wurde vor allem durch Professor Eben Moglen von der Columbia Law School unterstützt. Die Freedom-Box, von der 2012 ein erster Prototyp präsentiert wurde, ist ein sogenannter Plug-in-Server, der – in die Steckdose gesteckt – als Niedrigwattcomputer zur unabhängigen Anlaufstation unendlich vieler Alternativnetzwerke wurde. Inzwischen hat jeder seine zwei, drei, vier Internets, über die er seine private und berufliche Kommunikation abwickelt. Das »alte« Internet wird mehr oder weniger belächelt. Von den meisten wird es lediglich als Shoppingkanal benutzt.

Die virtuelle Emanzipation führte aber vor allem dazu, dass das Leben im Netz wieder angstfrei gelebt werden kann. Viele alte und neue politische Initiativen schöpfen Mut, sich im Cyberspace (wieder) zusammenzufinden, sie bauen sich zu heimlicher Stärke auf und überraschen ihre Staaten kontinuierlich mit spontanen Happenings, Protestnoten und Demonstrationen. Die nationalen Vorwarnmechanismen funktionieren nicht mehr, da die Geheimdienste bei den vielen und ständig wechselnden Parallelnetzen nicht mehr hinterherkommen.

In den Unrechtsregimen häufen sich sogar wieder die Revolten. Technische Errungenschaften wie die Freedom-Box erlauben den Unterdrückten, sich ungestraft zu solidarisieren und mit aller Ruhe und Akribie ihre Aufstände zu planen. Die Konsequenz daraus sind viel nachhaltigere und wirkungsvollere Umstürze, als diejenigen, die man mit dem Arabischen Frühling erlebt hatte oder nach der grünen Revolution im Iran. Es zeigt sich, dass die Autoritäten selbst mit Multimilliardeninvestitionen gegen ein entfesseltes Internet, das ständig seine Identität ändert, faktisch machtlos sind.

»Wir haben es mit einer Befreiungs- und Ermächtigungstechnologie zu tun, wie sie die Menschheit nie zuvor kannte«, sagte Internetpionier John Perry Barlow noch 2014. »Sie ist aber gleichzeitig eine extrem mächtige Überwachungs- und Kontrolltechnologie.«[4] Mit dem Siegeszug der virtuellen Parallelwelten ist sie das nicht mehr. Barlows große Vision vom freien Cyberspace ist wahr geworden – im zweiten Anlauf.

7.

STELL DIR VOR, ...

... ES IST WAHL UND ALLE GEHEN HIN!

Schon morgens früh um acht bilden sich lange Schlangen vor den Wahllokalen. Die Menschen stehen bis hinaus auf die Schulhöfe, Vorplätze und Gehwege, Personalausweis und Stimmzettel längst gezückt. Die meisten versuchen, Ruhe zu bewahren, geduldig zu sein. Einige fangen an zu nörgeln. So eine Warterei hat es doch sonst nicht gegeben. Eltern müssen ihre Kinder bei Laune halten. Senioren sitzen auf den Bordsteinen, um zu verschnaufen. Radiosendungen werden durch Sonderberichte unterbrochen. Reporter sprechen von Zuständen, wie man sie an Wahltagen aus Afrika oder inzwischen auch aus den USA gewöhnt ist. Die Behörden scheinen mit dem Andrang völlig überfordert, obwohl doch jeder nur dem simplen Recht nachgehen will, seine Stimme abzugeben. Wartezeiten von bis zu einer Stunde sind einzuplanen, vermelden die Sender und empfehlen, sich rechtzeitig in die Wahllokale aufzumachen, um es bis zu deren Schließung um 18 Uhr zu schaffen. Besonders in den Problemvierteln und Arbeiterstadtteilen der Metropolen, bisher Hochburgen der Nichtwähler, stoßen die ehrenamtlichen Helfer an ihre Grenzen.

Die Politiker, die wie immer schon am Mittag in ihren Büros und Wohnzimmern über die Abstimmungstrends informiert werden, um sich ihre Verlautbarungen zurechtzulegen, müssen sich auf eine Elefantenrunde der anderen Art einstellen. Denn früh wird klar, dass sich die Kräfteverhältnisse im Land verschoben haben. »Alle Staatsgewalt geht vom Volke aus«, so wird am Abend das Gipfeltreffen der Parteichefs im Fernsehen anmoderiert. »Nie war Artikel 20 des Grundgesetzes so aktuell wie heute.«

7.

Diejenigen, die nur noch wirtschaftliche Klientelpolitik betrieben haben, die es zuließen, dass Bankengewinne privatisiert und Bankenverluste auf die Gesellschaft umgelegt werden, die es mitansahen, dass die Kluft zwischen Arm und Reich immer weiter aufreißt, wurden bitter abgestraft. Diejenigen, die die Bedürfnisse und Sehnsüchte der Menschen ins Visier genommen haben, die für gesellschaftliche Gerechtigkeit kämpften und glaubwürdig für so etwas wie eine Demokratie 2.0 warben, sind die großen Wahlgewinner. Mit gewaltigen Auswirkungen auf die deutsche Grundsatz- und Tagespolitik …

Einer der wenigen, die solch ein politisches Erdbeben kommen sahen, ist Prof. Roland Günter, pensionierter Kunstprofessor aus Oberhausen und Retter Hunderter historischer Arbeiterviertel im Ruhrgebiet. Günter hatte bereits 2012 gemutmaßt: »Wenn alle, die von Hartz IV betroffen sind, zur Wahl gehen würden, gäbe es kein Hartz IV mehr.«

Das mag zuerst wie eine kühne Stammtisch-Pointe wirken. Lässt man die Aussage sacken, entwirft sie allerdings ein Szenario von einem Deutschland, das tatsächlich ganz anders aussehen könnte, allein weil alle Bürger von ihrem Wahlrecht Gebrauch machen. Die Motivation, über die nächste Regierung abzustimmen, sieht zurzeit aber ganz anders aus, und denkt man die These von Roland Günter in die andere Richtung weiter, spielt die sinkende Wahlbeteiligung den Regierenden in die Karten und sorgt für eine Verfestigung der Verhältnisse anstatt für Wandel. Schlimmer noch: Ganze Bevölkerungsteile werden von der gesellschaftlichen Teilhabe abgekoppelt, ihre Interessen nicht mehr vertreten.

Mitte der Achtzigerjahre gaben noch 90 Prozent ihre Stimme ab. Seit der Bundestagswahl 1998 sinkt die Wahlbeteiligung erdrutschartig. 2009 erreichte sie mit 70,8 Prozent den geringsten Wert aller Zeiten. Die über 18 Millionen Nichtwähler stellten erstmals in der Geschichte der Bundesrepublik die stärkste Kraft im Staate. 71,5 Prozent bei der Bundestagswahl 2013 waren ähnlich beschämend. Verhängnisvoll: Vor allem einkommensschwache und bildungsferne Schichten meiden die Wahlurne und verschenken damit Gestaltungsmacht und verhindern eine Politik für die eigenen Belange. Vielen von ihnen, das sagen aktuelle Umfragen, ist Politik zu undurchsichtig, sie sind der Meinung, dass sie sowieso nichts bewirken könnten, sie sind enttäuscht vom politischen Führungspersonal und halten im Zuge des Rückzugs in ihre sozialen Kokons Privates und Berufliches für weit wichtiger. Die Konsequenz lässt sich in einen Lehrsatz fassen: Je niedriger die Wahlbeteiligung, desto stärker wird das Wahlergebnis zugunsten der Besserverdienenden und Bessergebildeten verzerrt.

Dabei scheint gerade der Gebrauch des Wahlrechts das einfachste Mittel zu sein, sich selbst und seine Interessen wieder ins Zentrum der Tagespolitik zu bringen. Doch wie geht das? Wie motiviert man Millionen von Menschen dazu, sich wieder mit Politik zu beschäftigen und diese Beschäftigung mit einem Sonntagsspaziergang ins Wahlbüro zu kombinieren? Bekannt ist, dass die Wahlbeteiligung dann weit höher ist, wenn die Bundestagswahl mit einer Landtagswahl zusammenfällt. Bekannt ist auch, dass dann mehr Menschen abstimmen, wenn man die Wahl mit einem Volksbegehren – also einer lokalen, regionalen oder sogar bundesweiten Sachfrage – kombiniert. Das stärkt das Gefühl, nicht nur seine Stimme an einen Abgeordneten zu delegieren, sondern direkt und unmittelbar an Gesellschaft mitzubauen. Ein interessanter Vorschlag steht in einem Bericht an den Europarat: Mit der Stimmabgabe erhält jeder Wähler ein Los. Zählt der Wähler zu den hinterher ermittelten Lotteriegewinnern, erhält er die Möglichkeit, über einen Teil der öffentlichen Ausgaben mitentscheiden zu dürfen.[1]

Warum nicht? Noch gewagter gedacht: Warum sollte man die Wahl nicht mit einer Art Demokratie-Quiz kombinieren, aus dessen Teilnehmerschar 299 Glückliche (denn es gibt in Deutschland 299 Wahlkreise) ermittelt werden, denen jeweils ein Gewinn von je 10 000 Euro überwiesen wird!

Das sind kreative wie legitime Hilfsmaßnahmen. Doch wem wirklich und nachhaltig an einer gerechten und ausgewogen regierten Gesellschaft gelegen ist, der muss sich schon weit vor den Wahlen um die sozialen Voraussetzungen für eine höhere Wahlbeteiligung kümmern und in Chancengleichheit bei Bildung und Karrieren investieren.

Vielleicht aber hilft es auch, über eine Utopie im Sinne Roland Günters öffentlich zu debattieren. Wie würde Deutschland am Tag nach einer Wahl aussehen, an der alle teilgenommen haben – also neben den Gewohnheitswählern, den Interessierten, den Engagierten und Empörten auch die bisher Gleichgültigen, die Enttäuschten und Frustrierten? Es würde etwas Gewaltiges passieren:

Die politischen Mächte in der Republik haben sich vollkommen neu sortiert. Parteien kommen an die Regierung, die für den Teil der Gesellschaft kämpfen, der bisher zu den Verlierern des Sozialdarwinismus zählt. Und das sind die meisten. Die wachsende Unterschicht und die breite, bröckelnde Mittelschicht. Plötzlich muss eine Politik realisiert werden, die es nicht mehr den fünf Prozent recht macht, die über 95 Prozent des Reichtums des Landes verfügen, sondern den 95 Prozent der Menschen, die einfach nur gerecht behandelt und ernstgenommen werden wollen und von Sicherheit und gesellschaftlicher Teilhabe träumen. Themen wie der gesetzliche Mindestlohn, kostenlose Kitaplätze, die gezielte Förderung von Kindern und Jugendlichen aller sozialer Schichten, die Vermögenssteuer oder eine Bankenregulierung stehen nicht bloß auf irgendeiner Agenda. Sie können von einer Koalition der Menschlichkeit innerhalb kürzester Zeit umgesetzt werden.

Auf der anderen Seite haben Tausende von Wirtschaftslobbyisten, die sich rund um den Reichstag niederließen, um Politik zu beeinflussen und Gesetze mitzuschreiben, kaum mehr eine Chance. Die Zeiten der Klientelpolitik sind vorbei, Steuergeschenke für Unternehmer oder ganze Branchen undenkbar. Und versucht ein Politiker dennoch, seine wirtschaftlichen Seilschaften zu bedienen, wird er innerhalb kürzester Zeit aus dem Amt gejagt. Denn geht die große Masse erst einmal wieder wählen, kennt sie auch bei politischer Miss- und Vetternwirtschaft kein Pardon mehr, sondern nur noch konsequenten Protest.

Möglicherweise – wenn nicht sogar mit Sicherheit – leidet die Wirtschaftskraft Deutschlands unter den neuen Verhältnissen.

Vielleicht sogar sehen sich Konzerne gezwungen, Mitarbeiter zu entlassen. Dieser Wandel ist für Teile der Bevölkerung sicher erst einmal schmerzhaft. Mittelfristig aber stellt sich die deutsche Wirtschaft auf die neue Kräftebalance ein. Und man wird erkennen, dass eine Marktwirtschaft mit menschlichem Antlitz tatsächlich funktioniert und schließlich mehr Erwerbswillige in Arbeit bringt als zuvor (siehe auch Utopien 28 und 37).

8.

STELL DIR VOR, ...

... JEDE REICHE FAMILIE ÜBERNIMMT EINE SOZIALPATENSCHAFT!

Die Kluft zwischen Arm und Reich riss unaufhaltsam auf. Die Mauern der Millionärsghettos waren höher denn je, die spartanischen Wohnblocks der sogenannten Unterschicht breiteten sich an den Stadträndern aus. Nie hatte man den Kommunen die Konsequenzen des Turbokapitalismus mehr angesehen als jetzt. Austausch zwischen den Quartieren fand kaum noch statt. Jede Gruppe lebte für sich. Durch sämtliche deutsche Metropolen erstreckten sich Bereiche, vor deren Betreten entweder ausdrücklich gewarnt wurde oder hinter deren Schlagbäume man nur nach Ausweiskontrolle kam.

In dieser Zeit, als fünf Prozent der Bevölkerung 95 Prozent des privaten Reichtums des Landes auf sich vereinten, sorgte ein unscheinbarer Artikel in einer Online-Zeitung für einen großflächigen Bewusstseinswandel. Ein Reporter hatte über das Schicksal einer ehemaligen Mittelschichtsfamilie berichtet, die völlig verarmt am Stadtrand einer westdeutschen Großstadt wohnte. Der Vater

8.

hatte sich umgebracht, nachdem sich alle Mühen um einen neuen Job als vergeblich erwiesen hatten. Die 40-jährige Mutter, die ihre drei Kinder allein erzog und nachts putzen gehen musste, war am Ende ihrer Kräfte und hatte den zweiten Selbstmordversuch hinter sich. Die Kinder, die ihre Garderobe aus Kleiderkammern zusammenstellten und sich an Armentafeln ihren täglichen Hunger stillten, waren traumatisiert.

Die Reportage brachte einen lokalen Großindustriellen dazu, Kontakt mit der Mutter aufzunehmen. Die Begegnung hinterließ so tiefe Spuren, dass der Mann es nicht bei einer schnöden Barspende beließ und wieder in seine Limousine stieg. Er bot an, die vierköpfige Familie in seine eigene vierköpfige Familie aufzunehmen. Er besorgte ihr eine bessere Wohnung, übernahm anfangs einen Teil der Miete, bezahlte eine Nanny, die die Mutter entlastete, finanzierte der eine Zusatzausbildung, damit sie wieder in ihrem ursprünglichen Job als Erzieherin arbeiten konnte, den drei Kindern ermöglichte er schulische Nachhilfe, eine Psychotherapie und den ersten Urlaub seit zehn Jahren.

Die Berichterstattung über diesen großherzigen Einsatz wiederum brachte einen anderen Multimillionär auf den Gedanken, Nächstenliebe zu institutionalisieren und bundesweit eine Agentur für Familienpatenschaften zu etablieren. Durch eine beispiellose Kampagne, die sowohl Gebende als auch Bedürftige dazu aufforderte, sich registrieren zu lassen, wurde die Basis für den Erfolg des Projekts gelegt. Es unterschied sich insofern grundsätzlich von den Patenschaften in Entwicklungsländern, als es mit der anonymen Überweisung von Geld nicht getan war. Die Patenschaften in der eigenen Region ließen über die Jahre zwar Milliarden von Reich nach Arm fließen und sorgten so für auch in den Städten wahrnehmbare Entlastungsbohrungen. In erster Linie war es jedoch um die Wiedererlangung gesellschaftlicher Teilhabe gegangen, eben darum, den Abgekoppelten und Vergessenen durch den persönlichen Kontakt und die gemeinsame Zeit wieder Zugang zu anderen sozialen Bereichen zu ermöglichen, zu Familien, Vereinen, Schulen, Firmen. Heute hat die Agentur für Familienpatenschaften in jeder deutschen Großstadt Filialen, diese werden genauso selbstverständlich frequentiert wie etwa die Agentur für Arbeit. Tausenden von Familien wurde bisher der Aufstieg (oder der Wiederaufstieg) ermöglicht, Glück gesät, Lebensmut zurückerobert, vorher undenkbare Erfolgskarrieren wurden angeschoben. Durchschnittlich zwei Jahre dauert eine offizielle Patenschaft; was in den meisten Fällen überdauert, sind die Freundschaften.

Das Bundesverdienstkreuz lehnten die beiden Millionäre wie der Journalist, mit deren Engagement alles begonnen hatte, ab. Sie gaben stattdessen eine Pressekonferenz, in der sie an die Verpflichtung der oberen Zehntausend erinnerten, der Gesellschaft etwas zurückzugeben. An den Staat appellierten sie, den gesellschaftlichen Anschluss von Millionen Menschen zur Chefsache zu machen.

9.

STELL DIR VOR, ...

... WIR SYNCHRONISIEREN DIE WELT MIT LIEDERN!

Um Punkt 17 Uhr werden aus den Straßen Bühnen. Jeden Mittwoch. Viermal im Monat. 52 Mal im Jahr. Und immer mehr Menschen beteiligen sich. Erst waren es wenige Hundert. Jetzt sind es europaweit Hunderttausende. Sie lassen alles stehen und liegen und gehen raus ins Freie. Kommen aus ihren Büros, steigen aus den Bussen, verlassen ihre Küchen und Wohnzimmer. Übers Internet hatten sie erfahren, welche zwei Lieder neben John Lennons »Power to the People«, dem Erkennungslied der Bewegung, heute dran sein werden – inklusive Hörbeispiel und Noten. Die meisten leihen dem Protest ganz einfach ihre Stimme. Viele tragen – sofern möglich –

ihre Instrumente nach draußen. Auf die Sekunde genau erhebt sich ein kollektiver Gesang. So groß, so gigantisch, so vielstimmig, dass die Teilnehmer von dem emotionalen Ereignis körperlich erfasst werden. Gänsehaut, Tränen, Trancen, wildfremde Menschen liegen sich in den Armen.

Dass irgendwann auch Bekenntniskünstler wie Wolfgang Niedecken, Xavier Naidoo, Bob Geldof oder Randy Newman mit auf die Straßen gingen, um in ihren Vierteln aus dem Protest ein kleines Happening zu machen, hatte niemanden gewundert. Als sich die Bewegung jedoch ausbreitete und sämtliche Metropolen dieser Welt erreichte, verschlug es vielen Demonstranten immer häufiger die Stimme: Denn plötzlich standen auch Legenden wie Paul McCartney, Mick Jagger, Robbie Williams, Sting, Charles Aznavour oder Björk zwischen den Singenden. Gemeinsam erklärten sie: Wir sind mit eurer Politik nicht mehr einverstanden! Wir geben nicht mehr klein bei! Wir lassen uns nicht mehr mit Plattitüden für dumm verkaufen! Jetzt treten wir euch auf die Füße! Denn das ist unsere Zukunft!

Entsprechend fällt bis heute die Wahl der Lieder aus. Klassiker wie »We shall overcome«, »Give Peace a Chance« oder George Michaels »Freedom« werden gemischt mit neuen, an der Tagesaktualität orientierten Songs, die extra für die Demonstrationen komponiert werden. Und Yoko Ono ist auf ihre alten Tage noch einmal zur Galionsfigur der Bewegung geworden. »›Give Peace a Chance‹ ging um die ganze Welt und ließ auch andere Songwriter erkennen, dass man mit Liedern politische Botschaften vermitteln kann«, erinnert sie an die Mission, die sie und John Lennon 1969 mit ihren BedIns in Amsterdam und Montreal verfolgten. »Millionen Menschen kamen zusammen und sangen dieses Lied zu den verschiedensten Zeiten in den verschiedensten Teilen der Welt. Es verband uns und zeigte, dass wir stark genug waren, die Welt zu verändern.«[1]

Die Mittwochsgesänge profitieren auch von einer Idee, die sich 2003 von Finnland ausbreitete. Das Künstlerpaar Tellervo Kalleinen und Oliver Kochta-Kalleinen war damals auf den Gedanken gekommen, den ständigen Ärger der Menschen über die gesellschaftlichen Zustände in etwas Positives umzuleiten.[2] Sie riefen die Bürger auf, in sogenannten Valituskuoros (auf Deutsch: Beschwerdechöre) ihrem Frust Luft zu machen und ihn aus sich herauszusingen. Die Aktion machte die Runde um die ganze Welt. Complaints Choirs hießen die Gruppen jetzt. Die Mechanik dahinter: Die lokale Bevölkerung schickt ihre Beschwerden an den kommunalen Chor. Dort werden die Tiraden der Menschen sondiert, ausgewählt, in Strophen gegossen und musikalisch arrangiert. Der Chor singt dann die Klagen hintereinander weg. So machten es der Helsinki Complaints Choir, der Complaints Choir of Birmingham, der St. Petersburg Complaints Choir oder der Beschwerdechor Berlin. Sie halfen den Menschen dabei, die Wut in kreative Kraft zu transformieren und nicht mehr allzu verärgert zu Bett zu gehen. Aber von der Politik ernst genommen wurden die Chöre nicht.

Erst als sie in einer konzertierten Aktion von prominenten Musikern unterstützt und auf globaler Ebene synchronisiert wurden, wurde der lokale Bänkelgesang zu einem internationalen Massenphänomen, das imstande war, jeden Mittwoch das öffentliche Leben zahlreicher Metropolen lahmzulegen. Man verabschiedete sich von den bisher recht komödiantisch bis kabarettistisch anmutenden Inszenierungen und machte politische, soziale, ökologische und ökonomische Missstände zum Kernthema der Mittwochsdemonstrationen. Als Zehntausende singender Menschen die Regierungssitze, die Ministerien und Banken umstellten und nicht mehr drei, sondern 30 Lieder zum Besten gaben, konnte die sogenannte Elite nicht anders, als auf die Klagerufe ihrer potenziellen Wähler einzugehen – Volksabstimmungen, Gesetzesänderungen und Neuwahlen inklusive.

Das heißt jedoch nicht, dass die Mittwochsdemonstrationen aufgehört hätten. Der Druck wird nun im siebten Jahr aufrechterhalten. Weltweit. Die Politik ist dadurch gezwungen, sich ständig zu bewegen. Es ist ihr unmöglich geworden, Entscheidungen auf die lange Bank zu schieben. Der Luxus, sich nur alle vier oder fünf Jahre um die Wähler zu bemühen, ist verschwunden. Der über viele Jahrzehnte ganze Gesellschaften lähmende Reformstau konnte gelöst werden.

9.

Nicht nur die Medien überbieten sich immer noch mit Analysen des beharrlich wiederkehrenden Großereignisses. Auch die Wissenschaft bekundet großes Interesse daran. Besonders Quantenphysiker und Geisteswissenschaftler Roger D. Nelson, emeritierter Professor für kognitive Psychologie an der Princeton University, beispielsweise geht davon aus, dass alle Menschen weltweit durch ein unsichtbares Bewusstseinsfeld miteinander verbunden sind (siehe auch Utopie 32). Den Nachweis will er seit den Neunzigerjahren mit seinem Global Consciousness Project erbringen. Über ein Netz von über den Erdball verteilten Dioden haben er und sein Team tatsächlich etliche kollektive Gefühlsregungen großer Teile der Menschheit wahrnehmen können – beispielsweise beim Begräbnis von Lady Diana 1997, bei den Terrorattacken am 11. September 2001 oder zuletzt 2014 beim Verschwinden des malaysischen Passagierflugzeugs. »Unsere akkumulierten Daten zeigen ein immer wiederkehrendes Muster«, sagt er. »Besonders wenn wir durch große, kraftvolle Ereignisse emotional gefesselt sind, antworten unsere Detektoren mit einem Signal, das Entsprechungen aufweist.«[3]

Mit den Massendemonstrationen registriert Nelson nun jeden Mittwoch die größten Ausschläge, die er jemals hat messen können. Die innerlich zerrissene Menschheit doch ein einziger Organismus? Eine wissenschaftliche Sensation. Vor allem aber ist damit eine große humanistische Hoffnung verbunden: Denn erst wenn wir einsehen, dass die Menschheit eine Einheit ist und auch nur als Einheit überleben kann, werden wir uns verändern von selbstzerstörerisch agierenden Einzelkämpfern hin zu einer Gesellschaft der Nächstenliebe. Roger Nelson zitiert in diesem Zusammenhang gerne den französischen Theologen Teilhard de Chardin: »Eines Tages, nachdem wir den Wind, die Wellen, die Gezeiten und die Schwerkraft beherrscht haben, sollten wir die Energien der Liebe nutzbar machen. Dann wird der Mensch zum zweiten Mal das Feuer entdecken. Die Liebe ist ein geheiligter Vorrat von Energie. Sie ist sozusagen das nährende Blut der geistigen Evolution«[4 & 5] (siehe auch Utopie 16).

STELL DIR VOR, ...

... JEDE BUNDESTAGSSITZUNG BEGINNT MIT EINEM STÜCK LITERATUR!

Ben Becker tritt ans Rednerpult, in Jeans, schwarzem Sakko, halb aufgeknöpftem weißen Hemd, die rotblonden Haare nach hinten gekämmt. Der Bundestagspräsident mahnt die Abgeordneten zur Ruhe. Das Gemurmel im Plenarsaal und auf der Kabinettsbank legt sich. »Bevor ich gleich die 23. Sitzung dieser Wahlperiode eröffne, bitte ich Ben Becker, seine für diesen Tag ausgewählten Worte zu rezitieren.« Becker verharrt für einen kurzen Moment mit geschlossenen Augen, atmet langsam ein und wieder aus, schaltet sein Mikrofon frei und beginnt:

»Wer ist in der Lage, trübes Wasser klar zu machen?
Sofern man dem Wasser erlaubt, still zu sein, wird es von selbst klar werden!
Wer ist in der Lage, uns in ein Stadium absoluter Ruhe zu versetzen?
Lass Zeit vergehen, und die Ruhe wird allmählich eintreten!
Sei sparsam mit Worten, und die Dinge entstehen aus sich selbst heraus.«

Der Schauspieler verharrt wieder, Blick gesenkt, schaut dann auf ins Plenum. »Worte frei nach Laotses ›Doktrin des Nichtstuns‹, ersonnen vor rund 2600 Jahren. Ihnen eine schöne Sitzung. Es war mir eine Ehre.« Er deutet eine Verbeugung an und tritt ab. Applaus. »Danke, Ben Becker«, verabschiedet der Bundestagspräsident ihn. »In der kommenden Woche wird Götz George unser tägliches Stück

10.

Literatur vortragen und am Montag mit dem Sonett ›Es ist alles eitel‹ von Andreas Gryphius beginnen.«

Das morgendliche Ritual der »Literarischen Eröffnung« war auf Vorschlag des Kulturausschusses des Bundestages eingesetzt worden. Der sah sich zu der Innovation veranlasst, da sich sowohl die Gesprächskultur ungeheuer verschlechtert, als auch die Taktung der zu beschließenden Dinge extrem erhöht hatte. Abgeordnete bepöbelten sich ungeniert, eine Unzahl unverschämtester Zwischenrufe wurde zu Protokoll genommen, die Nerven in den politischen Lagern lagen aufgrund der allgegenwärtigen und sich nie entspannenden Krisensituationen immer häufiger blank. Die Krisen waren es auch, die Regierung und Parlament in einem stetig anschwellenden Stakkato Entscheidungen abnötigte, ohne dass die Themen, die dahinter steckten, in vollem Umfang hätten durchdrungen werden können. Man stimmte ab über Dinge, die man nicht wirklich kannte. Man votierte für vermeintliche Lösungen, ohne sich über Alternativen Gedanken machen zu können. Die Politik hatte die Rolle des Taktgebers längst an die Wirtschaft und außerparlamentarische Syndikate wie das alljährliche Bilderberg-Treffen von Staats- und Finanzbossen abgegeben. Kanzler und Kabinett regierten nicht mehr, sie reagierten nur noch. Man gestaltete nicht mehr, man wurde gestaltet.

Dann die Idee mit der Lyrik, den Texten, der Literatur. Deutschland, das vielbeschworene Land der Dichter und Denker, jetzt konnte es sein Image endlich mal wieder mit Inhalt füllen. Das sagten zumindest die, die sich das alles ausgedacht hatten. Und sie wussten, dass man sich anfangs pursten Spotts sicher sein konnte. Aber dann kamen die Unterstützer aus der Gesellschaft, aus der Kultur dazu, der Hochkultur, der Popkultur, der Subkultur. Von Lindenberg bis Enzensberger. Von Sloterdijk bis Harald Schmidt. Die Liste derer, die lesen wollten, deckte sämtliche Sitzungswochen einer Legislaturperiode im Voraus ab.

»Romane brauchen Geschwindigkeit. Gedichte aber sind die besten Verlangsamer von Zeit«, erklärt der Münchner Verleger Michael Krüger, der sich bereits 2013 mehr Lyrik in der Tagespolitik wünschte. »Gedichte zu lesen, bedeutet, sich selbst, den Körper, das Bewusstsein, die Aufmerksamkeit zu verlangsamen. Es würde in allen Parlamenten eine andere Sprache gesprochen.«[1]

Und in der Tat: So wie es die Literarische Eröffnung schaffte, sich immer stärker als Ritual zu etablieren, so sehr änderte sich der Geist im deutschen Bundestag. Er wurde getragen durch ein Übermaß an Respekt und der neuen Lust an kreativen Problembewältigungsstrategien. Denn die Fallhöhe, die das Stück Literatur zu Beginn vorgegeben hatte, traute sich niemand mehr zu untertreffen, um anschließend als kulturloser Idiot durch die Medien gejagt zu werden. Der Niveaulimbo war ein Relikt einer Zeit, in der die Zahl wichtiger geworden war als das Wort und ein programmierter Algorithmus glaubwürdiger als freie Gedanken (siehe auch Utopie 19).

11.

STELL DIR VOR, ...

... WIR ZAHLEN MIT EINER SOZIALWÄHRUNG!

»Ich wüsste gar nicht, wie ich im Alter ohne den Sozio überleben sollte.« Sätze wie diesen hört Chantal Schmitz bei fast jedem ihrer Hausbesuche, oft ergänzt durch den Nachsatz »Ich wäre schon längst tot« oder schlimmer »Vielleicht hätte ich mich längst umgebracht«. Schmitz ist 24 Jahre alt und studiert in Köln. Wann immer es ihre Seminarpläne zulassen, arbeitet sie für den Bundessozialdienst Sozioform.

Wenn Schmitz ihre Patienten in deren Wohnung oder im Pflegeheim versorgt hat, den Scanner aus der Tasche zieht und von der jeweiligen Patientenkarte den entsprechenden Sozio-Betrag abbucht, schlägt ihr regelmäßig große Dankbarkeit entgegen. »Aber Sie müssen *mir* doch gar nicht dankbar sein«, sagt sie dann. »Dafür haben *Sie* doch mit Ihren guten Taten selber gesorgt.«

Wie Arnold Pütz, der sein Leben lang hart gearbeitet hat, dessen gesetzliche Rente jedoch gerade mal seine sowieso schon bescheidenen Ansprüche deckt. Urlaub? Nie. Essen gehen? Einmal im Jahr. Letzte neue Hose? Gekauft vor fünf Jahren. Hätte er nicht mit 40, als er noch fit und kräftig war, begonnen, Sozios zu sammeln, wäre bereits Pflegestufe eins für ihn unerschwinglich gewesen.

»Wie viel hab ich denn noch drauf?« Obwohl er bereits gestern danach gefragt hat, fragt er heute wieder. Chantal Schmitz ist die Sorge um Sicherheit gewohnt. Sie hält dann seine Karte noch einmal unter den Scanner und lässt ihn die Anzeige auf dem Display lesen: 6570. Eine stolze Zahl, die Pütz ruhig schlafen lässt. Denn der 73-Jährige hat damit noch Anspruch auf 6570 Stunden Sozialleistungen. Umgerechnet heißt das: Würde er jeden Tag eine Sozialstunde benötigen, würde weitere 18 Jahre jemand für ihn sorgen. »Und wie viel haben Sie selbst schon gesammelt?«, wollen viele von der Studentin wissen. Die zückt dann ihre Karte und zeigt, dass sie schon auf einen Wert von 845 kommt.

Das Prinzip dieses Systems ist so einfach wie genial: Neben den Scheinen, dem Kleingeld und den EC- und Kreditkarten werden die Menschen eine Karte in ihrem Portemonnaie haben, die rein gar nichts mit den gewohnten Zahlungsmitteln und damit auch nicht mit klassischem Reichtum zu tun hat, sondern auf eine Zweitwährung zugreifen lässt, deren Gegenwert letztlich Menschenliebe ist. Die Zweitwährung misst sich in geleisteten Sozialstunden, also einem Zeitkredit, der im Notfall wieder für sich selbst in Anspruch genommen werden kann – ohne dass das labile Sozialsystem des Landes bemüht oder das lang Ersparte angerührt werden muss.

Natürlich würde es anfangs einigen bürokratischen Aufwand bedeuten, einen solchen Zahlungsmechanismus zu etablieren. Dass er dann funktionieren kann, beweist jedoch ein Blick nach Japan. Dort existiert bereits ein Parallelsystem mit einer Sozialwährung. Es nennt sich Fureai Kippu (übersetzt etwa »Karte des emotionalen

Bandes«) und wurde Mitte der Neunzigerjahre von dem ehemaligen Minister und Rechtsanwalt Tsutomu Hotta ins Leben gerufen.[1] Ihm war es um eine nachhaltige Lösung für das Problem der Altersarmut in einer überalternden Gesellschaft gegangen. Ein weitsichtiges Engagement. Schon 2012 überschritt in Japan die Anzahl der Menschen über 65 Jahre erstmals die 30-Millionen-Marke (ein Viertel der Gesamtbevölkerung).

In Deutschland liegt die Quote bei knapp 20 Prozent. Rund 900 000 Rentner sind schon 2014 von Altersarmut betroffen, die Zuwachsrate ist enorm, die wahre Zahl liegt wahrscheinlich viel höher, da sich viele Rentner schämen, staatliche Grundsicherung zu beantragen. Schon heute liegt jede zweite Rente unter Hartz-IV-Niveau. Die sogenannte Eckrente wird laut einer Prognose der Rürup-Kommission bis 2040 unter die 1000-Euro-Grenze gefallen sein (988 Euro). Die Gewerkschaften warnen bereits vor einem »sozialpolitischen Skandal«.

Warum haben wir uns bei diesen dramatischen Aussichten nicht längst Japan zum Vorbild genommen? Dort beteiligen sich inzwischen über 370 Non-Profit-Organisationen am Fureai-Kippu-System. »Da eine Stunde immer eine Stunde bleibt, unterliegt der Stunden-Anteil in dieser Währung überhaupt keiner Inflation. Und dieser Anteil ist so lange unbegrenzt vermehrbar, wie sich Menschen finden, die bereit sind, die erforderlichen Dienstleistungen zu erbringen«, sagte die 2013 verstorbene deutsche Architektin und Kapitalismus-Kritikerin Margrit Kennedy. »Das Fureai-Kippu-System verursacht für den Staat wenig oder gar keine Kosten. Es bringt einen ungedeckten Bedarf an Pflege mit vorhandenen, aber ungenutzten Ressourcen zusammen. Und alle profitieren davon.«[2]

Die Utopie eines einzelnen Mannes ist Wirklichkeit geworden und hat ihre Tragfähigkeit längst unter Beweis gestellt – und sie erzeugt noch mehr: Durch Umfragen fand man heraus, dass pflegebedürftige Menschen lieber die Hilfe von Fureai-Kippu-Zahlern entgegennehmen als von Leuten, die mit Yen zahlen. Grund dafür ist die menschlichere Verbindung, die der Fureai Kippu schafft.

STELL DIR VOR, ...

... WIR FÜHREN EINE TOR-ABGABE EIN!

Längst hatte der Fußball seine Unschuld verloren. Was auf Äckern, Wiesen, Straßen und Hinterhöfen begonnen hatte, musste wie alles in der westlichen Welt seinen kapitalistischen Weg gehen. Der Fußball wurde zum Milliardenbusiness. Wenige Kennziffern aus dem Jahr 2014 reichten aus, um die Dimensionen deutlich zu machen: Allein fünf europäische Clubs gehörten zu den finanzstärksten Vereinen der Welt – Madrid, Barcelona, Bayern München, Manchester United und Paris machten jeweils zwischen 400 und 500 Millionen Euro Umsatz. Die Bundesliga kam inzwischen auf mehr als zwei Milliarden Euro Umsatz. Fernsehrechte und Sponsorenpakete für eine Weltmeisterschaft brachten der Fifa weit über drei Milliarden Euro. Die Ablösesummen für Topspieler erreichten die 100-Millionen-Euro-Marke. Stars wie Cristiano Ronaldo oder Eto'o verdienten bis zu 20 Millionen Euro im Jahr. In England kostete ein Premier-League-Ticket mittlerweile so viel wie ein Rod-Stewart-Konzert. Und wenn Bayern München ein Tor schoss, war dieses in Zahlen ausgedrückt rund 1,3 Millionen Euro wert.

So war es nur eine Frage der Zeit, dass die Fans auf die Barrikaden gingen. Nicht bloß die wertkonservativen Ultras, sondern auch die ganz normalen Familienväter, die es sich kaum mehr leisten konnten, mit ihren Söhnen ins Stadion zu gehen. In dieser Krisenstimmung mit zahlreichen Protestaktionen aus der Fanszene konnte sich der Vorschlag eines berühmten Trainers im Ruhestand, dem Altersweisheit nachgesagt wurde, durchsetzen: »Warum führen wir keine Tor-Abgabe ein! In der Höhe von meinetwegen maximal

100 000 Euro pro Treffer. Damit können wir an jedem Spieltag Millionen für soziale Zwecke abzweigen und den fußballbegeisterten Menschen etwas von dem zurückgeben, für dessen Blüte sie mitverantwortlich sind.«

Diese in einem eindringlichen Appell im »Aktuellen Sportstudio« formulierten Sätze gerieten zur Grundsatzerklärung für den heute Riesensummen verwaltenden Utopian Soccer Fund. Aus allen Profiligen der Welt fließen torweise Gelder in die Kasse des Sozialverbandes. Die Quotienten, aus denen sich die jeweilige Abgabe berechnet, richten sich selbstverständlich nach der Potenz des Clubs. So muss ein finanzkräftiger Verein wie der FC Bayern München den Maximalbetrag von 100 000 Euro pro Tor entrichten (macht bei angenommenen 90 Bundesligatoren pro Saison, 30 Champions-League-Toren und 15 Pokal-Toren 13,5 Millionen Euro), ein Verein wie der FC Augsburg muss jedoch nur 12 000 Euro pro geschossenem Tor zahlen. Auch Uefa und Fifa haben die Abgabe in den Statuten ihrer Turniere verankert. So werden sowohl die an den Europa- und Weltmeisterschaften beteiligten Verbände als auch Uefa und Fifa selbst mit jedem umjubelten Tor zur Kasse gebeten. Die Sorge, es würde durch die Regelung häufiger 0:0 gespielt, war grundlos. Wer schießt schon vorbei, aus Angst vor der Zahlung in einen Sozialfonds, um dann auf die Tribüne aussortiert zu werden. Das Gegenteil ist der Fall: Es wurden sogar zehn bis 20 Prozent mehr Tore geschossen als in den Saisons ohne Tor-Abgabe.

Die Einnahmen fließen ausschließlich zu den sozial Benachteiligten – in die weltweiten Problemstadtteile, die Ghettos, die Favelas, die Slums, die Townships. Sogenannte Soccer Schools locken nicht nur mit Fußballtraining und der dafür notwendigen Infrastruktur, sondern bieten nach dem Vorbild der allzu elitären Fußballinternate der Proficlubs auch regulären Schulunterricht, Nachhilfekurse, darüber hinaus aber auch Lebensberatung an – eine Idee des mehrfachen Meistertrainers Christoph Daum. »Der Fußball muss sich seines erzieherischen und persönlichkeitsbildenden Anspruchs bewusst werden, weil die Erziehung in den Familien immer weniger stattfindet und die Schulen immer mehr zu reinen Wissensvermitt-

12.

lern werden und nicht auf das Leben vorbereiten«, hatte er 2011 gefordert. »Der Erziehungsauftrag gehört in die Tätigkeit des Trainers integriert. Es geht nicht nur darum, Siegertypen im Fußball auszubilden, sondern Siegertypen im Leben.«[1] Daums Vision ging im Zuge der Einführung der Tor-Abgabe auf, Hunderte von Trainern konnten fortgebildet, Hunderte Pädagogen eingestellt werden, mit der Konsequenz, dass sich Fußballvereine zu einer tragenden Säule in der Erziehung der Jugend etablieren konnten.

Zu einem regelrechten Spektakel sind die zusätzlichen Sondertipps vor den jeweiligen Wettkampftagen geworden. Die Förderschüler der Soccer Schools können auf einzelne Spiele und Spieler setzen und dadurch eine weitere Förderung gewinnen – inklusive eines Besuchs des jeweiligen Torschützen.

Millionen Kindern und Jugendlichen wird durch die Tor-Abgabe ein Stück Zukunft finanziert. Sie sind nicht mehr bloß die dummen Claqueure auf den Rängen und auch nicht mehr nur brav zahlende Pay-TV-Kunden, sie werden ernst genommen, ihr Wert für den Fußball und die Zukunftsfähigkeit des Fußballs wird verstanden. Auch die Vereine, die sich zuerst gegen die Regelung mit dem Hinweis sträubten, man könne immer noch selber entscheiden, an wen man wie viel spendet, sind inzwischen voll der Begeisterung.

Neulich saß mal wieder der Trainer im »Aktuellen Sportstudio«, der die Sozialprämien ins Rollen gebracht hatte. »Ein größerer Sieg als jeder Titel, den ich geholt habe«, sagte er. »Endlich wird der Fußball seiner gesellschaftlichen Verantwortung gerecht.« Und ganz nebenbei werden in den Soccer Schools viele neue Talente entdeckt, deren Ballgefühl sonst niemals bemerkt worden wäre.

STELL DIR VOR, ...

... ES GIBT WIRTSCHAFT OHNE WACHSTUM!

Am Ende ist es gar nicht mehr darum gegangen, *ob* eine Wirtschaft ohne Wachstum überhaupt funktionieren kann. Denn sie war da. Seit Jahrzehnten hatte sich erst zaghaft angedeutet, dann ganz offensichtlich gezeigt, dass die Geschichte vom ewigen Wachstum nichts weiter als ein ziemlich dreistes Märchen gewesen ist. Ökologisch, sozial und damit auch wirtschaftlich stießen die Menschen in den sogenannten *entwickelten* Ländern an ihre Grenzen. Die Steigerung des Bruttoinlandsprodukts hatte weder dazu geführt, dass sich Arm und Reich annäherten, noch dazu, dass die Menschen glücklicher geworden wären. Stattdessen wurden die Ressourcen knapp, und die Umwelt ächzte – jetzt hatte man keine Wahl mehr.

Heute kommt uns das alles völlig logisch vor. Warum nur hatten wir so lange auf Wachstum gesetzt, wo wir doch schon alles hatten? Zuerst sind die Branchen, in denen der Profitgedanke nichts zu suchen hat, zurück in die kommunale Hand gegangen: Krankenhäuser, Wasserwerke, Energiekonzerne. »Die Privatisierung von allem und jedem hat sich historisch als der größte Fehler herausgestellt«, stellte der Soziologe Harald Welzer im Jahr 2011 fest.[1] Die Freiheiten, die bislang den Märkten zugestanden wurden, sind nun dem Allgemeinwohl untergeordnet. Konzernen ist über eine Änderung des Bürgerlichen Gesetzbuches untersagt, Gewinne auf Kosten von Allgemeinheit und Gemeingut zu machen. Aktiengesellschaften sind komplett abgeschafft worden, da sie dazu verdammt waren, unendlichen Wachstumshunger zu produzieren, der nur mit mehr Konsum gestillt werden konnte. An ihre Stelle sind Genossenschaften und Stiftungen getreten, die auf längerfristige Ziele ausgerichtet sind. Sicherheit ist nun wichtiger als hochspekulative Gewinne. Das Wirtschaftswachstum wurde damit nicht abgewürgt, aber gemindert. Die Zeit der Großbanken ist vorbei. Auch das unbegrenzte Gewähren von Krediten hat ein Ende. Die Geldschöpfung ist nur mehr Sache der Zentralbanken. Die Häuser der Finanzwirtschaft sind vor allem genossenschaftlich organisiert und unterstützen in erster Linie die regionale Wirtschaft mit ihren kurzen Wertschöpfungsketten. Unzählige neue Regionalwährungen stärken die heimische Wirtschaft zusätzlich, indem sie die Kaufkraft an die Region binden und von den Abhängigkeiten befreien, die die Globalisierung mit sich gebracht hatte.

Die Unternehmen werfen nicht mehr Massen an Produkten auf die Märkte, die eigentlich niemand braucht, sondern perfektionieren das bestehende Produktportfolio, indem sie es hochwertiger und langlebiger gestalten. Gleichzeitig haben die Menschen ein neues Genug lernen und ihren Konsum einer grundsätzlichen Inventur unterziehen müssen. Aus den 10 000 Dingen, die ein Deutscher noch 2013 durchschnittlich besaß, sind, ohne dass man sich hätte im Verzicht üben müssen, nur noch 6000 geworden. Weg mit dem Wohlstandsschrott! Der Oldenburger Volkswirtschaftler Niko Paech konnte schon 2013 glaubhaft machen: »Wirtschaftswachstum wird durch das Bruttoinlandsprodukt gemessen, also über die Summe aller arbeitsteilig entstandenen Güter und Dienstleistungen. Die so gemessene Form des Wirtschaftens bedeutet immer, eine Ware oder Leistung von Punkt A zu Punkt B zu bringen. Und hier liegt das Problem: Es ist kein Leistungstransfer möglich, ohne Energie zu verbrauchen.«[2] Daher besteht ein zentraler Aspekt der von Paech vertretenen Postwachstumsökonomie darin, die Masse an produzierten Gütern drastisch zu reduzieren. Und nicht nur die, sondern auch die Anzahl der Spezialisierungsstufen, da vor der Produktionsphase ja die notwendigen Infrastrukturen finanziert werden müssen.

An die Stelle des Besitzes ist die neue Tugend des Teilens getreten – ein integraler Bestandteil der Postwachstumsgesellschaft. Warum ein Auto kaufen, wenn es 23 Stunden am Tag vor dem Haus und auf dem Firmenparkplatz herumsteht? Warum sich einen neuen Rasenmäher leisten, wenn man ihn nur alle zwei Wochen braucht? Sharing-Plattformen im Internet haben Konjunktur, kein Haushalt, der nicht irgendetwas mit anderen teilt.

Die Angst, dass durch die ressourcensparende Teilkultur ganze Industrien den Bach runtergehen, war unbegründet. Zu dieser Prognose war 2013 schon der Postwachstumsökonom André Reichel von der Zeppelin-Universität in Friedrichshafen gekommen. Am Beispiel von Daimler hatte er durchgerechnet, wie viel Kohlendioxid ein Fahrzeug ausstoßen darf, damit die Erderwärmung unter dem sogenannten Zwei-Grad-Ziel bleibt, also unter dem Rahmen, von dem es heißt, dass das Weltklima noch zu retten ist und uns nicht um die Ohren fliegt. Daraufhin simulierten Reichel und seine Kollegen verschiedene Geschäftsmodelle – und integrierten dabei immer die Komponenten des Carsharings. Ergebnis der Studie: Die Zahl der deutschen Autos verringert sich um fast ein Viertel, ihre Effizienz steigt zugleich um 50 Prozent – bei rund vier Millionen Carsharing-Fahrzeugen. In diesem Fall würde nicht nur das Kohlendioxid-Limit eingehalten. Die Autoindustrie könnte mithilfe des Carsharings auch 98 Prozent ihrer Bruttowertschöpfung sichern. Reichel kommt zu dem Schluss, dass geringeres Wachstum »nicht das Ende von ökonomischer Vernunft oder ordentlichen Gewinnen« bedeutet.[3]

»Ein Postwachstums-Kapitalismus ist machbar, er erfordert aber gewaltige Transformationen in den heute vorherrschenden Geschäfts- und damit auch in den Denkmodellen von Unternehmen und Unternehmern«, sagt André Reichel. »Sie sind das zentrale Element dieses Wandels, sie versorgen ihn mit Ideen und Innovationen.«[4]

STELL DIR VOR, ...

... EINE SPENDENVERPFLICHTUNG ERSETZT DIE KIRCHENSTEUER!

Die Mitgliederzahl der Katholischen und Evangelischen Kirche hatte einen neuen Tiefststand erreicht. Beide Konfessionen rissen in Deutschland die 20-Millionen-Marke. Es war die logische Konsequenz einer nicht abbrechenden Serie von Skandalen und einer seit Jahrhunderten fortschreitenden Säkularisierung. Die bizarren Eskapaden des Limburger Bischofs Tebartz-van Elst 2013 waren nur die Spitze des Eisberges, der in den Folgejahren erst Stück für Stück kippte und am Ende ganz schnell sein Unterstes nach oben kehrte und ein schauderhaftes Panoptikum der Verschwendungssucht ans Tageslicht brachte.

Die Talkshows kannten nur ein Thema. Reporter sammelten auf den Straßen die immergleichen Statements ein: »Ich habe ja immer gern gezahlt, aber nach all dem, was man jetzt weiß …!« oder »Die Kirche will uns zu Nächstenliebe, Demut und Bescheidenheit erziehen, und was tut sie selbst?« oder »Ich dachte, ich finanziere damit vor allen Dingen kirchliche Kindergärten, Krankenhäuser oder Altenheime. Aber das zahlt ja sowieso fast alles der Staat.«

Die Kirchensteuer, die fern aller Realitäten immer noch auf einer 200 Jahre alten Entschädigungsregelung im Zuge eines deutsch-französischen Friedensabkommens[1] beruht und den Kirchen seitdem beharrlich gigantische Summen in die Kassen spült (2013 rund elf Milliarden Euro), gehörte nach Meinung vieler reformiert – mindestens. Unzählige Initiativen waren in der Vergangenheit verpufft, Parteien, Vereine, Verbände hatten keine Chance gegen die mächtige Lobby der Kirchen. Jetzt hat die erdrückende Wahrheit den Bann brechen lassen: Die Kirchensteuer gibt es nicht mehr!

Das führte nicht etwa dazu, dass Millionen Menschen plötzlich mehr Geld fürs Konsumieren in ihren Portemonnaies hätten. Es führte zu dem Kuriosum, dass beispielsweise Familie Lehmann aus Dortmund, die aus der Katholischen Kirche ausgetreten war, nun plötzlich wieder zahlen muss. Das Geld der Lehmanns fließt jetzt an eine konfessionslose Vereinigung für integrative Kindergärten, die sie selbst bestimmt haben. Grund: Die Kirchensteuer ist lediglich der Allgemeinen Spendenverpflichtung (ASV) gewichen – genauso berechnet wie bisher die Kirchensteuer. Die ASV, von Spöttern der Boulevardpresse schnell als »staatlich verordnetes Gutmenschgeld« bezeichnet, gibt dem Bürger Mitsprache über die Fließrichtung seiner Euros. Wobei alle Konten dasselbe Ziel haben: das Gemeinwohl und die Lebensqualität zu fördern. Ob dafür weiterhin soziale Einrichtungen der Kirchen sorgen sollen, Privatinitiativen, die sich um Obdachlose kümmern, Verbände, die Bildungsprogramme anbieten, oder NGOs, die sich dem Umweltschutz verschreiben, kann jeder selbst entscheiden.

Von der staatlichen Spendenagentur, bei der sich wohltätige Organisationen registrieren lassen können, sind lediglich Spendenlimits eingezogen worden, damit nicht einige wenige Empfänger den Großteil der Steuer erhalten, sondern eine gleichmäßige Verteilung gewährleistet wird.

Inzwischen geben die Lehmanns wieder gerne. Nicht nur der lokale Kindergarten bekommt ihr Geld. Im nächsten Halbjahr wird es ein Resozialisierungsprojekt für Neonazis in Dortmund sein. Gemeinsam sucht die vierköpfige Familie die Empfänger über eine Internetplattform aus, die sämtliche potenziellen Adressaten bündelt, vorstellt, transparent macht und die jeweiligen Spendenstände angibt. Viele bisher unterfinanzierte Einrichtungen konnten so ihr ausgedünntes Programm wieder erweitern.

Und die Kirchen? Sie mussten ihre Wehklage über den Verzicht einstellen, denn es stellte sich heraus, dass keine Gemeinde weder einen Gottesdienst vom Plan nehmen, noch ihr Gotteshaus wegen

14.

Baufälligkeit vorübergehend schließen musste. Nach alledem ist Ex-Bischof Tebartz-van Elst fast zu danken. Ohne das Wissen über seine teure Philippe-Starck-Badewanne und die sonstigen Anschaffungen wäre es wahrscheinlich nie zu den Veränderungen gekommen.

15.

STELL DIR VOR, ...

... DIE WELT WIRD VON GRÜNHELMEN KONTROLLIERT!

Die Szenen erinnern an die Befreiung eines lange Zeit unterjochten Landes. Und niemand hätte gedacht, dass in Deutschland irgendwann mal wieder Menschen jubelnd in den Straßen warten und für Militärkonvois Spalier stehen würden. Es ist auffällig, dass es vor allem die Jungen sind, die sich an diesem Tag spontan frei genommen haben oder blaumachen, Studenten, Schüler, Familien, Mitglieder von Bündnissen wie Greenpeace, Attac oder Occupy. Sie haben Transparente gebastelt, singen Lieder, manche werfen Blumen. Die Soldaten, die in den Fahrzeugen sitzen, sind zwar bewaffnet, doch sie sehen anders aus als alles, was bisher durch deutsche Städte marschierte. Sie tragen grüne Helme. Darauf ein weißes Piktogramm, das zwei Hände zeigt, die schützend die Erdkugel umfassen.

Es war das große Bündnis vieler kleiner und bisher unterrepräsentierter Staaten, das die Grünhelme endlich aus dem Reich der Utopien in die Realität holte. Mehrfach war deren Einsatz an nationalen Interessen gescheitert – in den Neunzigerjahren ging es beispielsweise um den Schutz des Regenwaldes und bedrohter

Arten. Jetzt votierte die UNO-Vollversammlung mit überwälti-
gender Mehrheit für die Gründung der ökologischen Eingreiftrup-
pe UNECARM (United Nations Army for Ecological Crises). Die
Truppenstärke von unglaublichen zwölf Millionen einsatzbereiten
»Öko-Kriegern« – die internationale Presse überbot sich in über-
schäumender Metaphorik – erlaubte es, sofort und unverzüglich
perfekt ausgerüstete Kompanien in die globalen Krisengebiete zu
entsenden.

Nachdem sich die Katastrophenmeldungen überschlagen hatten und die Menschen aufgrund der Lethargie ihrer Regierungen
in vielen Teilen der Welt selber gewaltvoll Initiative ergriffen, galt
es vor allem, zwei eskalierende Situationen nachhaltig in den Griff
zu bekommen, die unmittelbar miteinander zusammenhingen. Die
dramatische Vernichtung von Naturlandschaft sowie die Beeinflus-
sung des Klimas durch die Industrieländer auf der einen Seite. Die
dramatischen Hungersnöte und Umweltkatastrophen in den unter-
entwickelten Staaten auf der anderen Seite.

So eskortieren nun schwerbewaffnete UNECARM-Schiffe Nah-
rungsmitteltransporte von Westeuropa und Amerika vor allem
nach Afrika. UNECARM-Jets begleiten vollgepackte Antonows,
Boeings und Airbus-Frachter Richtung Süden. Innerhalb kürzester Zeit wurde eine globale Luft- und Seebrücke etabliert, über die
Nahrung, Wasser, Wasseraufbereitungsanlagen, Baumaterial und
Hundertschaften von Ärzten, Pflegern, Ingenieuren und Architek-
ten in die Krisengebiete geschafft werden.

Gleichzeitig sind die Grünhelme in die tropischen Regenwälder
Brasiliens, Ecuadors und Südostasiens eingerückt und haben die
Maschinen der Rodungsunternehmen zum Schweigen gebracht.
Auch viele große Braunkohletagebaue in West- und Osteuropa sind
von Grünhelmen umstellt, genauso wie die ältesten und teilweise
schon maroden Atomkraftwerke, dazu die landwirtschaftlichen
Großanlagen mit ihren Silos, Äckern sowie Hühner- und Rinder-
farmen.

Nur der freiwillige Einsatz Hunderttausender Bürger, die den
Grünhelmen an den Einsatzorten zu Hilfe kamen, sowie die un-

nachgiebigen Verhandlungen der UNO mit den nationalen Streitkräften konnten sicherstellen, dass der Einmarsch der UNECARM nicht zu militärischen Auseinandersetzungen führte.

Zu Beginn des Grünhelmeinsatzes war von maximal einem Jahr Dauer die Rede. Doch der Einsatz wurde von Jahr zu Jahr zu Jahr verlängert. Die Grünhelme gehen nicht. Sie bleiben. Der Westen hat die Umverteilung der Güter von der einen in die andere Waagschale anfangs kaum zu spüren bekommen. Werden doch – zumindest in Deutschland – rund 40 Prozent aller Waren in Supermärkten sowieso weggeworfen. Schmerzhaft ist es jedoch direkt für die westliche Agrarindustrie geworden, als die nationalen Regierungen gezwungen wurden, die Subventionierungspolitik ihrer Landwirtschaft einzustellen, um der Agrarwirtschaft der afrikanischen Länder endlich eine Chance zu geben.

Diese hochpolitische Entscheidung ist nicht die einzige, die das Oberkommando der Grünhelme den westlichen Bündnisstaaten, Russland, China, Indien, Japan und vielen anderen verordnete. Sämtliche nationalen Beschlüsse wurden unter das Primat der ökologischen und sozialen Nachhaltigkeit gestellt. Damit die Tagespolitik unmittelbar reguliert werden konnte, musste in jedem Parlament Platz geschaffen werden für die Gesandten der UNECARM. Im Berliner Reichstag bietet sich von der Besuchertribüne aus gesehen nun folgendes Bild: in der Mitte der Redner, dahinter der Bundestagspräsident, dahinter ein Sonderbeauftragter der UN. Links wie üblich die Kabinettsbank, rechts nicht mehr die Ministerpräsidenten, sondern das UNECARM-Oberkommando für Deutschland, das bei jeder Sitzung anwesend ist und jederzeit in die Debatte eingreifen kann – wovon es reichlich Gebrauch macht. So hoch wie jetzt waren die Einschaltquoten bei Bundestagsdebatten noch nie. Und so laut war der Applaus der Besucher des Bundestages über die Abstimmungen noch nie. Denn plötzlich gehorchten viele Maßnahmen wieder dem gesunden Menschenverstand.

Über Monate diskutierten die Medien die Frage: Ist das, was wir jetzt haben, eine Öko-Diktatur? »Unser politisches System ist immer noch das beste, das ich kenne«, hatte Klimaforscher Friedrich-

Wilhelm Gerstengrabe vor der großen Wende noch geäußert. »Mit einer Öko-Diktatur kämen wir auch nicht weiter – im Gegenteil. Eine einsame Entscheidung von oben herab wäre falsch. Das Problem: Wir haben nicht mehr viel Zeit! Wir müssen uns in den nächsten zehn Jahren klar positionieren, um die Entwicklung wenigstens zu bremsen. Denn: Aufhalten können wir sie ohnehin nicht. Leider.«[1]

Diejenigen, die mit dem »bösen Ö-Wort« Angst säen wollten, müssen jetzt eingestehen, dass zwar eine Art Öko-Diktatur herrscht, sich aber nicht etwa radikale Ökos an die Macht geputscht haben und langhaarige Müsli-Diktatoren über unseren Lebenswandel bestimmen, sondern der Einsatz der Grünhelme erst durch die Demonstrationen und Übergriffe des Bürgertums zustande kam, also »von unten« veranlasst wurde. Weltweit haben sich Klimaschützer dem Jubel angeschlossen. Sie werten die Zwangsverwaltung auch als ihren Erfolg. »Dass ausgerechnet Forscher, die im Interesse aller das Klima schützen möchten, demokratische Rechte und Freiheiten infrage stellen, ist mehr als paradox.«[2] Die Meinung des Soziologen Nico Stehr war typisch für die Zeit, als die Krisen noch nicht stark genug gerieten und selbst mahnende Experten als Apokalyptiker beschimpft wurden. Nun waren es einmal mehr die Menschen, die der Politik und ihren getreuen Beratern eine unliebsame Entscheidung abnahmen. Die UNO schätzte die Gruppe der Aufständischen weltweit auf über eine Milliarde.

STELL DIR VOR, ...

... WIR LEBEN NACH DER GOLDENEN REGEL!

Das gewaltige Stück der Betonmauer, die Israel und Palästina so lange trennte, wankt, kippt, fällt. Aus dem Staub tritt ein greiser Benjamin Netanjahu, der dem jungen neuen Palästinenserpräsidenten die Hand reicht. Sie lächeln in die Kameras, nehmen sich in den Arm. »Nie mehr soll uns etwas trennen!« Der Satz geht in die Geschichte ein. Der gemeinsame Kurs: radikale Annäherung, bedingungslose Versöhnung, völliges Verzeihen.

Wenige Tage später in Moskau. Die Regenbogenflagge der Homosexuellen-Bewegung weht überm Kreml. Der frisch gewählte liberale Staatspräsident empfängt eine schwul-lesbische Delegation der amerikanischen Regierung. Die Bilder vom abendlichen Bankett gehen um die Welt. Ein im Rollstuhl sitzender Wladimir Putin, der sich 75-jährig von einem Reitunfall erholt, wurde zwischen zwei Hermaphroditen platziert. Er lächelt verkniffen.

In Deutschland gratuliert ein begnadigter Uli Hoeneß seinem jahrelangen Intimfeind Christoph Daum bei einem Weißbier dazu, dass er auf seine alten Tage doch noch Bundestrainer geworden ist. In Rom versammeln sich Tausende von Missbrauchsopfern und katholischen Kinderschändern, um sich auszusöhnen. Die Oberhäupter zahlreicher Bankiersfamilien wie Rothschild und Rockefeller sind auf allen Kontinenten mit einer Roadshow unterwegs, um bei denjenigen mit großzügigen Geldgeschenken um Vergebung zu bitten, die sie durch ihre Geschäfte jahrzehntelang ausgebeutet haben.

Szenen wie diese spielen sich auf dem ganzen Globus ab. Unfassbare Szenen. Wunderbare Szenen. Aber nicht nur bei den Mächtigen sind die Weichen neu gestellt worden. Auch beim normalen Steuerzahler gilt die Goldene Regel als Ultima Ratio. Der ätzende Kollege, der lästige Nachbar, der Vordrängler im Supermarkt – den allermeisten ist klargeworden, dass negative Energien kurzerhand überwunden werden können, durch offene Arme, ein offenes Herz, einen offenen Geist. Entschuldigungen, Verbrüderungen, Schulterschlüsse, Friedensschlüsse, Amnestien, Absolutionen, wohin man blickt. Die Gefängnisse: leer. Die Arbeitslager: leer. Gesellschaftlich Fallengelassene: wieder da. Stattdessen Liebe und Versöhnung überall, und eben nicht, wie einige befürchteten, Mord und Totschlag. Einen größeren Beweis hätte es nicht geben können: Ja, Liebe ist stärker als Hass und Gier und Verzweiflung (siehe auch Utopie 5).

Die letzten Vertreter des alten Denkens sind kaum in der Lage, die Annäherungen zwischen Gut und Böse zu verstehen. Für die neuen Generationen, die in dem Bewusstsein der Liebe aufwuchsen, ist all dies selbstverständlich. Sehen sie doch die Goldene Regel »Behandle andere so, wie du von ihnen behandelt werden möchtest« als eine Art Naturrecht des Menschen. Seit dem siebten Jahrhundert vor Christus sind Losungen, die der Goldenen Regel ähneln, überliefert. In leichten Abwandlungen sagten es Buddha, Konfuzius, der griechische Philosoph Isokrates und Jesus Christus, so erzählen es die hinduistische Mahabarata, der Koran oder die altorientalische Sprüchesammlung Achiqar sowie viele Naturreligionen. Die Goldene Regel ist der gemeinsame Nenner der Menschheit. Warum also die Nächstenliebe nicht zum verbindlichen moralischen Grundsatz irdischen Zusammenlebens machen? Und warum nicht noch ein Stück weitergehen, die Nächstenliebe ausdehnen und auch die Feindesliebe zum Grundsatz erklären? Denn jemandem, den man mag oder der einem gleichgültig ist, mit liebevollem Verhalten zu begegnen, ist keine Schwierigkeit. Jemandem Liebe zu zeigen, den man nicht mag, das ist jedoch die höchste Kunst. »Ich aber sage euch: Liebet eure Feinde, segnet, die euch verfluchen, tut Gutes denen, die euch hassen, bittet für die, die euch beleidigen und verfolgen«, forderte Jesus in der Bergpredigt. Auch diese Botschaft taucht in etlichen Schriften auf. Schon Buddha appellierte rund 500 Jahre früher: »Besiege Zorn durch Liebe. Besiege Böses durch Gutes.«[1] Und der im Judentum verehrte Rabbi Natan ha-Babli beantwortete die Frage, wer denn der Mächtigste im ganzen Lande sei, im zweiten Jahrhundert nach Christus: »Wer die Liebe seines Feindes gewinnt.« Und er fügte an: »Schadenfreude, Feindeshass und Vergeltung des Bösen mit Bösem sind im Judentum ausdrücklich verboten, während Großmut und Liebesdienste für den Feind in der Not geboten werden.«[2]

Noch Fragen? Eigentlich ist alles gesagt. Von allen Seiten. Warum nur galt 2014 das Gebot der Nächstenliebe den meisten als weltfremd? Warum nur verhielten wir uns immer noch wie Unmenschen?

Schon Friedrich Schiller stellte sich diese Frage: »Woran liegt es, dass wir noch immer Barbaren sind? Es muss also, weil es nicht in den Dingen liegt, in den Gemütern der Menschen etwas vorhanden sein, was der Aufnahme der Wahrheit, auch wenn sie noch so hell leuchtete (...) im Wege steht. Ein alter Weiser hat es empfunden, und es liegt in dem vielbedeutenden Ausdruck versteckt: sapere aude. Erkühne dich, weise zu sein.«[3]

Erkühne dich, weise zu sein! Welch ein Imperativ! Doch wie wird man weise? Wie erfährt man Weisheit? Wie bekommt man Weisheit beigebracht? Durch ein Schulsystem, das kaum mehr als Informationen vermittelt? Durch eine Regierung, die ihre kalt kalkulierten Entscheidungen an der Rettung von Banken und der Zufriedenheit von Gläubigern orientiert? Durch ein Gesundheitssystem, das vor allem den Belangen der Pharmakonzerne gerecht wird? Durch gesellschaftliche Idole, die als Betrüger entlarvt werden? Durch die Kirchen, die immer wieder durch Skandale von sich reden machen? Weise zu werden, Weisheit zu lernen, wurde einem lange Zeit nicht leicht gemacht. Und die, die sich dennoch entschlossen, Gutmenschen sein zu wollen, bekamen es mit den Zynikern zu tun. Bis, ja bis immer mehr Menschen den Kurs wählten, den Friedrich Schiller schließlich vorgeschlagen hatte: »Der Weg zum Kopf muss durch das Herz geöffnet werden. Die Ausbildung des Empfindungsvermögens ist also das dringendere Bedürfnis der Zeit.«[4]

Unter den herrschenden Voraussetzungen des Raubtierkapitalismus war kollektives auf Versöhnung und Solidarität ausgerichtetes Herzensdenken und Herzenshandeln kaum möglich. Diejenigen, die noch an eine Gesellschaft unter dem Einfluss der Goldenen Regel glaubten, wurden getragen durch zwei Hoffnungen. Dass die Schillersche Überlegung der Herzensbildung in sämtliche Familien, Kindergärten, Schulen und Universitäten der Welt integriert werden wird (siehe auch Utopie 31). Oder dass ein spontaner Bewusstseinssprung die Menschheit auf eine höhere Ebene bringt (siehe auch Utopie 32).

17.

STELL DIR VOR, ...

... WHISTLEBLOWING WIRD ZUM GLOBALEN HOBBY!

Was war das für eine Frage! Ist Edward Snowden ein Held oder ein Verräter? Und was wurde über sie diskutiert. Die einen sagten so, die anderen sagten so. Jetzt, viele Jahre später, sagen alle: So! Und lachen drüber. Niemand stellt sich mehr diese Frage. Weil die Antwort klar ist. Natürlich sind Whistleblower wie der ehemalige amerikanische Geheimdienstmitarbeiter Snowden, der in seinem Exil den Alternativen Nobelpreis entgegennehmen durfte, Helden. Jetzt wissen wir es besser, weil die Profession des Whistleblowings salonfähig und weitaus sicherer geworden ist.

Plötzlich sind da nur noch Helden. Missstände und Unmoral in Regierungen, Behörden, Verbänden und Unternehmen bringen regelmäßig neue Whistleblower hervor. Fast jede Abteilung hat jetzt ihren eigenen Snowden. Verehrte Kollegen, die nicht mehr einfach so kaltgestellt werden können. Wie sieht das auch aus, wenn man einen Helden rausschmeißt oder gar einen Mitarbeiter, der den International Whistleblowing Award in seinem Büroregal stehen hat!

Die Trophäe – eine Trillerpfeife in Gold, auf großer Bühne mit prominenter Unterstützung verliehen – hatte viel dazu beigetragen, dass immer mehr Menschen Mut fassten, gegen Betrug, Bestechung, Vetternwirtschaft oder Erniedrigung in ihrem Arbeitsumfeld aufzubegehren und vertrauliche Beweise der Untaten öffentlich zu machen. Der Whistleblower von heute ist der Kriegsheld von einst. Die bisherigen Eliten konnten sich nicht mehr sicher darüber sein, wer möglicherweise was an wen weitergeben wird. Auch die Etablierung des spendengespeisten International Fund for Whistleblowers (IFW), der die finanzielle Absicherung eines Whistleblowers nach dessen Enthüllungsaktion gewährleistete, war neben den neuen Gesetzen für Whistleblowerschutz eine Investition in die Courage potenzieller Zeugen.

Lange Zeit hat es eine »Culture of Disclosure«, eine Kultur des Aufdeckens, schlicht nicht gegeben. »Einzeltäter« machten lediglich von sich reden. Wie der stellvertretende FBI-Direktor Mike Felt, der sich erst 30 Jahre nach dem Watergate-Skandal als jener Whistleblower zu erkennen gab, der mit seinem Insider-Wissen an die Washington Post herangetreten war und damit das Ende der Nixon-Regierung einläutete. Wie Daniel Ellsberg, der ebenfalls Jahrzehnte wartete, bis er sich öffentlich dazu bekannte, 1971 mit dem Durchstechen der sogenannten Pentagon-Papiere für etwas mehr Wahrheit über den Vietnam-Krieg gesorgt zu haben. Wie Mordechai Wanunu, der 1986 über die Sunday Times das bis dahin geheime Atomwaffenprogramm Israels enthüllte – danach entführt und verurteilt wurde, wegen Hochverrats elf Jahre in Isolationshaft sitzen musste und selbst heute nur unter strengen Auflagen in Freiheit leben darf. Wie die Altenpflegerin Brigitte Heinisch, die in Deutschland zum Vorbild für Whistleblowing wurde, nachdem sie 2004 die menschenunwürdigen Zustände in einem Pflegeheim anzeigte, daraufhin entlassen wurde und erst nach jahrelangem Rechtsstreit und einem Sieg vor dem Europäischen Gerichtshof per Vergleich 90 000 Euro zugesprochen bekam. Wie der Fernfahrer Miroslaw Strecker, der 2007 den bayerischen Gammelfleischskandal aufdeckte, ebenfalls gefeuert wurde und sich mit den Preisgeldern, die er für seinen Mut erhielt, über Wasser halten musste. Wie die Soldatin Chelsea Manning, die wegen der Publikation von Videos und Dokumenten über amerikanische Irak-Einsätze auf Julian Assanges WikiLeaks-Plattform zu 35 Jahren Haft verurteilt wurde. Wie eben Edward Snowden, der sich mit zigtausenden Dateien des US-Geheimdienstes NSA ins russische Exil flüchtete. Gejagte und bestrafte Einzelkämpfer in einem Heer ängstlicher Mitläufer.

Die Antikorruptionsorganisation Transparency International attestierte 2013 lediglich vier europäischen Ländern (Großbritannien, Luxemburg, Rumänien und Slowenien), Whistleblower mit entsprechenden Gesetzen ausreichend zu schützen.[1] Gerade in Deutschland war es aufgrund der disparaten Gesetzeslage für Whistleblower ungeheuer schwer, die Konsequenzen ihres Handelns einzuschätzen. Der britische Public Interest Disclosure Act (PIDA) hingegen galt damals als das weltbeste Whistleblowing-Gesetz.

Mit den neuen Gesetzen, die nun noch viel weiter reichen, geht es aber nicht nur um faktische Absicherung. Es geht auch um eine öffentliche Debatte. Die sorgt kontinuierlich dafür, bislang Unschlüssigen die Angst davor zu nehmen, durch das eigene Einschreiten alles zu verlieren. Zudem hat sie dazu geführt, dass ein Whistleblower eben nicht mehr als Blockwart, Denunziant oder Nestbeschmutzer gesehen wird, sondern als mutiger Mensch, der sich mit schwerwiegendem Fehlverhalten nicht einverstanden erklärt. Oscar Wildes Aphorismus »Gib dem Menschen eine Maske, und er sagt die Wahrheit« ist veraltet – die Maske braucht es nicht mehr.

Die breite Front Mutiger hat den über Jahrzehnte gewachsenen systematischen Betrug auf nahezu allen Ebenen des Lebens kollabieren lassen. Die Wahrheit hat sich als stärker erwiesen, die Lüge als äußerst labil. Ganze Generationen von Führungskräften sahen sich gezwungen abzutreten. Einstige Topmanager und Starpolitiker landeten zuerst am medialen Pranger, dann vor Gericht, im Gefängnis und schließlich im gesellschaftlichen Abseits. Die Helden sind jetzt andere (siehe auch Utopie 25).

18.

STELL DIR VOR, ...

... WIR KOMMEN IN KONTAKT MIT AUSSERIRDISCHER INTELLIGENZ!

New York im Ausnahmezustand. Die UNO lädt in ihrem Hauptquartier an der United Nations Plaza am Ostufer Manhattans zum Gipfeltreffen. Gipfeltreffen sind in der Politik eigentlich nichts Besonderes, seit Jahrzehnten findet jede Woche irgendeines statt. Dieser Gipfel jedoch ist anders, er wird die Welt verändern. Denn in der ersten Reihe des Plenums sitzen zehn ganz besondere Gäste, zehn Regierungschefs, die eine weit längere Anreise hatten als alle anderen Vertreter der 194 Nationen dieser Erde zusammen. Trotzdem – so witzelt einer von ihnen zu Beginn seiner Rede – sei ihre Reisezeit viel kürzer gewesen als jeder irdische Trip dauern würde.

Die zehn Gäste, deren Besuch vom UNO-Generalsekretariat bis zum letzten Moment geheim gehalten wurde und selbst die USA furchtbar überrascht hatte, werden als Gesandte verschiedener Sonnensysteme unserer Galaxie vorgestellt. »Eure Wissenschaftler hatten recht, als sie 2013 herausfanden, dass es allein in unserem Sonnensystem Milliarden bewohnbarer Planeten geben muss«, erklärt der Vertreter des nur zwölf Lichtjahre entfernten Planeten Aris. »Aber keine Entfernung ist so groß, dass man sich nicht besuchen könnte.«

Es ist der Tag, an dem sich nicht mehr nur UFO-Gläubige gewiss sind, dass interstellarer Kontakt ohne Weiteres möglich ist. Es ist der Tag, an dem die machthungrigen Führer der irdischen Staaten, die lächerlichen Selbstdarsteller großer Institutionen und die selbstgefälligen Bosse diverser Technologiekonzerne innerhalb weniger Minuten entzaubert werden.

Was für viele immer noch wie nach einem Science-Fiction-Roman klingt, könnte gar nicht mehr so fern unserer Realität liegen. Um Zweifel am gängigen Weltbild zu streuen, es sei bei den gigantischen kosmischen Entfernungen unmöglich, dass die Erde von einer außerirdischen Intelligenz besucht werden kann, wird von einer wachsenden Gemeinde von Querdenkern immer wieder aufs Lebenswerk des amerikanischen Arztes Dr. Steven Greer verwiesen. 2014 gilt Greer weltweit als oberster Aufklärer in Sachen Außerirdische. Vom medialen Mainstream in Deutschland wird er immer noch gemieden, tatsächlich aber genießt er – selbst im Weißen Haus in Washington – einen guten Ruf und wird ernst genommen. Denn man weiß, wie Greer arbeitet. Er setzt keine abstrusen Theorien in die Welt, er befragt Zeugen und sammelt Dokumente! Mit seinem Disclosure Project, mit dem er 2001 an die Weltöffentlichkeit ging, präsentiert er regelmäßig hoch glaubwürdige Menschen, die unter Eid bestätigen, dass sie Kontakt mit Außerirdischen hatten oder Wissen darüber haben. Danach steht fest: Die Erde wird längst von außerirdischen Intelligenzen besucht, und es gab und gibt sogar Kontakte. Die Kronzeugen, die Greer ermutigt, ihre Erfahrungen in Pressekonferenzen mitzuteilen, wirkten meist in entscheidenden Positionen im amerikanischen Militärapparat, der Rüstungsindustrie und in der Luft- und Raumfahrt. Sie geben an, Außerirdische und deren Fortbewegungsmittel gesehen, verfolgt, beschossen, geborgen oder untersucht zu haben. Unter seinen mittlerweile über 400 Zeugen: Astronaut Edgar Mitchell, sechster Mann auf dem Mond, Captain Robert Salas, Abschuss-Offizier für Atomwaffen, viele ehemalige Air-Force-Piloten wie George Filer, Milton Torres oder Charles Halt, zivile Flugzeugpiloten wie Ray Bowyer, Fluglotsen wie Enrique Kolbeck oder Dr. Carol Rosin, persönliche Assistentin des Raumfahrtpioniers Wernher von Braun.

18.

Greer fasst deren Aussagen, die alle auch im Internet anzusehen sind, zusammen und brieft in Informationsveranstaltungen Mitglieder des Weißen Hauses, des US-Kongresses, der Geheimdienste und anderer Regierungen. Oft trifft er dabei auf Empörung, weil – wie er schätzt – über 90 Prozent der Regierungsvertreter und Parlamentarier nicht über das sogenannte UFO-Phänomen Bescheid wüssten. Eine kleine Gruppe von wenigen Hundert Insidern aus Militär und Rüstung hätte sich mit einem streng geheimen und letztlich steuerfinanzierten »Black Project« verselbstständigt, würde seit Jahrzehnten im Verborgenen wirken und mit ihren Erkenntnissen das große Geschäft machen. Wegen genau dieser Interessen, so Steven Greer, sei es so schwierig, das Thema zu vermitteln: »Es ist nicht einfach damit getan, der Öffentlichkeit zu sagen: ›Wir sind nicht allein, und es gibt Außerirdische da draußen.‹ Das Thema ist sehr viel komplexer, weil mächtige Interessen im Spiel sind, deren Vertreter sich verzweifelt bemühen, diese Angelegenheit wegen der möglichen ökonomischen, sozialen, technologischen, geopolitischen und anderen Auswirkungen so lange wie möglich geheim zu halten.«[1]

Dabei geht es laut Greer vor allem darum, Antrieb und Energiegewinnung der außerirdischen Raumschiffe zu begreifen und sich deren Technik zunutze zu machen. Denn – auf diese Aussage traf der Arzt immer wieder – technisch seien uns die Außerirdischen haushoch überlegen. Genau das ist der Grund, warum bei einer Enthüllung die Vertreter irdischer Politik und Wirtschaft wie kleine, dumme Jungs dastehen würden. Als kosmische Volldeppen, die Jahrzehnte ihren Planeten plünderten und plündern ließen, weil es angeblich keine Alternative zu dem zerstörerischen Handeln gab. Vielleicht aber gibt es sie (siehe auch Utopie 29)?

Die elitäre Gruppe, die im Geheimen mit der außerirdischen Technik experimentieren und so möglicherweise sogar in der Lage sein soll, selbst interstellare Flüge zu unternehmen, sei sich »nicht im Geringsten darüber bewusst, was sie da eigentlich tut«, sagt Greer. »Nirgendwo steht geschrieben, dass wir die Kontakte an eine kleine Gruppe von Menschen abtreten müssen, die sie für sich beanspruchen – und die in den Kinderschuhen steckenden Beziehungen zwischen außerirdischen Welten und der Menschheit ruinieren. Die bereits stattgefundenen Kontakte zwischen Außerirdischen und Menschen werden völlig geleugnet, weil es weder innerhalb des Staates, noch der UNO oder anderer friedlicher Gruppen ein formales Programm gibt, das sich öffentlich und wahrheitsgetreu mit diesem Thema auseinandersetzt.«[2]

Stellen wir uns nun vor, eines Tages platzt die Blase der Geheimhaltung aufgrund so unnachgiebiger Leute wie Steven Greer endgültig – und es käme zu dem historischen Gipfel bei der UNO. Der außerirdische Redner (einer von Greers Zeugen gab übrigens zu Protokoll, während seiner Zeit beim Militär zig Alien-Arten kategorisiert zu haben, viele waren uns Menschen wohl sehr ähnlich) schließt seine Ansprache mit einem Appell: »Mit dem Ereignis, das Sie ›Nine Eleven‹ nannten, ging ein Satz in die Menschheitsgeschichte ein: ›Nichts wird mehr so sein, wie es einmal war.‹ Der Satz stimmte. Denn es wurde alles noch viel schlimmer – weil die Lehren aus der Katastrophe ausblieben. Jetzt sage ich, sagen wir: Ab heute wird nichts mehr so sein *können*, wie es einmal war.«

Applaus, erst zaghaft, dann donnernd. Die Vertreter der kleineren Staaten fangen an, sich zu erheben. Die Regierungschefs Amerikas, Englands, Deutschlands, Russlands und Chinas schauen zerknirscht und fühlen sich irgendwann genötigt, sich den Standing Ovations anzuschließen. Allen ist klar: Die alten Mächte sind gebrochen. Die Kräfte werden neu verteilt. Und zwar gerecht. Die innerlich wie äußerlich zerrissene Menschheit kann sich endlich als Einheit begreifen und ist nun Teil einer kosmischen Familie, friedvoll und nachhaltig angeleitet von denen, deren Technik und deren Weisheit am weitesten entwickelt sind. Technik und Weisheit, wie passt das zusammen? Hätten geistige Reife und ethische Grundhaltung eines raumfahrenden Volkes nicht ein überaus hohes Niveau erreicht, hätte man die Menschheit längst mit seiner technischen Überlegenheit unterjocht oder gar eliminiert. Das ist bis zu jenem UNO-Gipfel aber nicht passiert. Und es wird auch danach keinen Sternenkrieg geben. Im Gegenteil: Die Menschheit wird bei den

Brüdern und Schwestern aus dem All noch einmal in die Lehre gehen müssen. Das werden die allermeisten auch tun wollen, dankbar für die Hilfe von außerhalb. Denn ihnen ist klar geworden, dass wir uns mit unserem Lebenswandel früher oder später nur selbst eliminieren. Genau aus diesem Grund bleibt uns mit dem Bekanntwerden außerirdischer Besucher eine globale Panik in Hollywood-Manier erspart.

Auch der von Erich von Däniken prognostizierte »Götterschock« bleibt aus. Viel zu viele Menschen haben ohnehin schon an Außerirdische geglaubt. Und sollten unsere Ahnen ihre Götter mit Außerirdischen, die schon einmal auf die Erde kamen, verwechselt haben – na und? Einen Schöpfergott könnte es ja dennoch geben. Vorsorglich hatte sich der Vatikan bereits 2008 in Stellung gebracht – denn angeblich sieht laut einer Studie jeder dritte Katholik (und Protestant) in Aliens eine Gefahr für die eigene Religion.[3] So erklärte der päpstliche Chefastronom José Gabriel Funes in einem Interview: »Der Glaube an Aliens widerspricht nicht unserem Glauben. Wir können der kreativen Freiheit Gottes keine Grenzen setzen. Wenn wir irdische Geschöpfe als Bruder und Schwester betrachten, warum sollten wir dann nicht auch von unseren außerirdischen Brüdern sprechen können?«[4] Zeiten ändern sich. Im Jahr 1600 hatte man noch den italienischen Mönch und Philosophen Giordano Bruno auf dem Scheiterhaufen verbrannt, weil er geäußert hatte, es gäbe »mehrere Welten«.

Auch der Dalai Lama hatte im Frühjahr 2013 seine buddhistische Gemeinde vorbereitet. In einer Rede in Portland sagte er: »Sobald man etwas anderes sieht, als das, was man selber ist, entsteht eine Unsicherheit. Deswegen sollten wir versuchen, alle Lebewesen als fühlende Mütter wahrzunehmen. Selbst wenn wir Besuch aus anderen Galaxien bekommen. Sie sind nicht anders als wir Menschen. Vielleicht haben sie ein wenig andere Formen, aber im Grunde unterscheiden sie sich nicht von uns. Auch sie sind empfindsame Wesen. Respektiert sie! Schaut sie euch an und betrachtet sie als fühlende Wesen!«[5]

STELL DIR VOR, ...

... PARLAMENTARIER WERDEN VON MENTALCOACHES BETREUT!

Es ist schon ihr 18. Einsatz in dieser Sitzungswoche. Zwölfmal für Mitglieder der Regierungskoalition, sechsmal für Abgeordnete der Opposition. Maren Fuchs ist Leiterin der Abteilung für Parlamentarisches Coaching und kümmert sich mit ihrer Mannschaft um die psychischen Befindlichkeiten und ethischen Bedenken von Ministern, Fraktionschefs und ganz normalen Abgeordneten. »Wir können tatsächlich feststellen, dass wir genau dann häufiger konsultiert werden, wenn auch der Bürger über die Medien den Eindruck überforderter Politiker vermittelt bekommt«, sagt Fuchs über ihr Erfolgsprojekt.

Zum Erfolg wurde es nicht sofort. Vorurteile, Scham und Angst bescherten dem Therapeutenteam zuerst viel Müßiggang. Erst als zwei, drei verzweifelte Abgeordnete, die bereits tief im Burn-out steckten, den Anfang machten, sprach es sich in den weiten Fluren des Paul-Löbe-Hauses in Berlin herum, dass man aus einer Coaching-Einheit tatsächlich verändert herauskommt. Die Mär vom Politiker, der nicht weich, nicht schwach, nicht empathisch sein und nicht mit dem Herzen sprechen darf, ist auserzählt. Immer mehr Parlamentarier wollen sich nicht mehr mit der irrsinnigen Beschleunigung politischer Entscheidungsprozesse, mit dem übermenschlichen Druck und den vielen moralischen Abgründen arrangieren und mitschwimmen, sondern aus sich heraus Veränderung initiieren.

Einer der ersten, die in der Bundesrepublik tatsächlich ein psychisches Hilfsprogramm für Politiker gefordert haben, ist Herbert

19.

Rusche, Mitbegründer der Grünen und in den Achtzigerjahren Mitglied des Bundestages, seit 2012 Mitglied der Piratenpartei. Bevor der Buddhist damals sein Mandat wahrnahm, konsultierte er seinen Mentor, einen Soziologieprofessor. Rusche ahnte, dass ihn die politische Zusammenarbeit mit den »ganzen harten Leuten« überfordern würde. Der Experte riet ihm, einmal pro Woche zu einem psychologischen Coaching zu gehen, um »Dinge sichtbar werden zu lassen, die ein Politiker im Betrieb gar nicht mehr wahrnimmt«. Das sei sehr hilfreich gewesen, sagt Rusche im Rückblick. »Ich fände es auch heute noch gut, wenn jeder Abgeordnete einen Mentalcoach an der Seite hätte, einen neutralen Menschen, der für den Versuch bezahlt wird, eine Außensicht auf das politische Geschehen zu geben.«[1]

Herbert Rusche sollte mit seinen damaligen Vorkehrungen recht behalten. Denn mit Joschka Fischer traf er auf seinen härtesten Kontrahenten. Und der spätere Außenminister wusste schon damals, wie man effektiv mobbt. »Die größten Probleme hatte ich immer innerhalb der eigenen Reihen«, erinnert sich Rusche. »Der Kampf und die Ausgrenzung war subtiler und spürbarer als zwischen den Parteilagern. Im Innern herrscht Sozialdarwinismus – ein Wort, von dem ich erst in der Politik erfahren hatte.«

Als Herbert Rusche innerhalb der Fraktion mit dem Vorschlag kam, die ewigen Streitereien der Silberrücken von einem Mediator schlichten zu lassen, wurde er passenderweise niedergebrüllt. »Ein Großteil der Fraktion kam gar nicht zu Wort, weil man sich nicht in die Machtkämpfe einmischen wollte«, erinnert er sich. »Also machte ich den Vorschlag, einen neutralen Supervisor für die Fraktion einzustellen, um die Kampfhähne auf die Realebene runterzuholen und Dinge zu versachlichen. Das hätte uns als Grüne gut zu Gesicht gestanden. Danach stand Otto Schily so heftig auf, dass der Stuhl hinter ihm umfiel, und schrie: ›Das geht über meine Schmerzgrenze!‹ Dann verließ er den Raum. Die Abstimmung fand ohne ihn statt.« Ergebnis dennoch: Es wurde kein Psychologe eingestellt.

Andere Zeiten, andere Riten. Psychologische Betreuung gehört heute zum guten Ton. Keine Fraktion, die keinen eigenen Coach beschäftigt. Kein Abgeordneter, der sich in der Abteilung für Parlamentarisches Coaching noch nicht hat beraten lassen. Und mit welchen Konsequenzen? Der zwischenmenschliche Umgang hat sich gebessert, die Medien bekommen dadurch von der Politik weit weniger Skandale präsentiert als noch vor ein paar Jahren. Ausreichend Zeit fürs Nachdenken wird sich nun einfach genommen, die Entscheidungen sind so nachhaltiger geworden. Vor allem aber kommen seitdem viel mehr überparteiliche Beschlüsse zustande, da sich die Parlamentarier nun weitaus stärker an den Sachfragen orientieren und weniger dem Fraktionszwang oder ihrem eitlen Ego folgen.

Besonders gut erinnert sich Chefcoach Maren Fuchs an den Besuch eines Ministers, der sich mit seinem Reformwillen weder gegen einige Kabinettsmitglieder noch gegen die Lobbyisten durchzusetzen vermochte und an verschiedenen Fronten einen zermürbenden Grabenkrieg führte. Der Minister wurde davon überzeugt, die Angriffe nicht mehr mit gleichem Geschütz zu erwidern und erst recht nicht mit seinen Gegenaktionen in die Öffentlichkeit zu gehen. Durch eine Diplomatie der kleinen Kompromisse und in der Folge eine nicht allzu stark beschnittene Reform stieg der Minister so stark in den Sympathiewerten, dass er sogar als Kanzlerkandidat gehandelt wurde.

Coaches wie Maren Fuchs gab es schon viele Jahre zuvor. Aber eben nur vereinzelt – und außerparlamentarisch. Der Hamburger Martin Maria Blau betreut seit 2012 neben seiner Tätigkeit als Regisseur ratsuchende Politiker. Sein Coaching geht ans Eingemachte. An die Seele. An den Kern dessen, was einen Menschen ausmacht. »Ich gebe den Politikern und Managern die Tools«, sagt Martin Maria Blau, »aber die Tools haben ihren Preis.«[2] Der Preis liegt darin, sich mit seinen Ängsten, seinen Schwächen und seiner Haltung zu konfrontieren und sich uneingeschränkt mit dem zu verbinden, was man an der Sache liebt, die man tut. Dazu seien, erkennt Blau bereits 2013, immer mehr Mächtige bereit. Zuletzt sei das Bedürfnis gestiegen, sich coachen zu lassen, auch wenn dies immer noch eher verschwiegen wird. Nachdem Blau seinen Klienten die Werkzeuge vermittelt hat, die ihnen ihre Wirkmächtigkeit geben, stellt er beharrlich die Frage nach der Moral. Diese Frage kommt wie das Amen in der Kirche. Eine sofortige Antwort erwartet er nicht. »Viele«, sagt Martin Maria Blau, »gehen anders aus dem Training heraus, als sie es begonnen haben.«

20.

STELL DIR VOR, ...

... KINDER UND JUGENDLICHE ORGANISIEREN SICH ALS LOBBYGRUPPE!

Sah man vor einigen Jahren Rudel von Teenagern in den Abgeordnetenhäusern Berlins, konnte man sich sicher sein, dass es sich dabei um Schulklassen handelte. Kleine Führung mit Erklärungen, wie denn die parlamentarische Demokratie so funktioniert und dann wieder ab nach Hause. Danach schnell durchlüften, damit der Geist der Jugend sich bloß nicht festsetzt in den Räumen, wo Zukunft entschieden wird. Denn hohe Politik hat ja nichts mit den naiven Ideen von Kindern zu tun und auch nichts mit den Sehnsüchten Jugendlicher. Wem nutzt's auch? Kinder können nichts investieren, und wählen dürfen sie auch nicht. Die 15 Millionen kann man also getrost zu Nebenfiguren erklären.

Heute werden die Gespräche der Abgeordneten leiser, wenn ein paar Jugendliche auf den Gängen passieren, höflich werden sie gegrüßt, man könnte ja in einer der nächsten Anhörungen aufeinandertreffen. Seit sich Vertreter der großen Bevölkerungsgruppe der Minderjährigen zu einer Lobbygruppe zusammengeschlossen haben, hat sich die Arroganz der Macht in Respekt gewandelt. Bei ausnahmslos jedem neuen Gesetz kommen die Jungen nun genauso zu Wort wie die etablierten Lobbygruppen der Industrie, der Verbände, der Nichtregierungsorganisationen. Wie die Konkurrenz haben sie ein Büro in Reichstagsnähe, beraten werden sie durch emeritierte Professoren und Politikaussteiger, finanziert werden sie über eine Stiftung. Grundantrieb: Politik konsequent in Richtung Nachhaltigkeit zu formen und damit den Erhalt der Lebensgrundlage späterer Generationen zu gewährleisten.

»Bei jeder Gesetzgebung ist eine Anhörung der Interessenverbände vorgeschrieben. Schon hat man das Problem. Jeder redet pro domo. Jeder will für seinen Klub das meiste Geld rausholen«, erklärt Ulrich Kasparick die Situation in der Vergangenheit.[1] Kasparick war viele Jahre Staatssekretär im Wissenschafts- und Verkehrsministerium und ging wieder zurück in seinen Beruf als Pfarrer. »Die wirklich wichtige Interessengruppe kommt aber bei den Gesetzgebungsverfahren gar nicht vor! Beispiel Klima: Da sind die Industrievertreter am Tisch, die Energieerzeuger, die Rohstofflieferanten, der Staat, aber die junge Generation, die die Schäden ausbaden muss, ist überhaupt nicht vertreten. Da muss man sich doch mal die Frage stellen, wie man hier mehr Generationengerechtigkeit hinbekommt und welche neuen Partizipationsmöglichkeiten uns einfallen.« Die könne man, so Kasparick, über Kampagnen oder Projekte erreichen. Man bräuchte dafür jedoch eine sehr kluge Projektsteuerung und ein Controlling, das jederzeit wisse, wo und wie weit man im Prozess ist. Die UNO versuche so etwas schon. Sein Eindruck sei jedoch, dass man zu Beginn des dritten Jahrtausends erst ganz am Anfang eines angemessenen Instrumentariums stehe.

Die UNO setzte bereits 1946 ihre UNICEF-Untergruppe ein, um Kinder in den vom Zweiten Weltkrieg in Mitleidenschaft gezogenen Ländern mit Lebensmitteln zu versorgen. Die Hilfsprojekte von UNICEF breiteten sich mit der Zeit auf 191 Staaten aus. Aber was hatte sich dadurch tatsächlich an dem grundlegenden Dilemma verändert, dass eine überstaatliche Organisation lediglich versucht, die Scherben einer kinderfeindlichen Politik einzelner Staaten wegzukehren? Und was hatte sich durch die in vielen Ländern einberufenen und nett anzuschauenden Kinderparlamente getan? Leider nichts.

20.

Erst die Solidarisierung der Jugend in den einzelnen Nationen und die Etablierung selbstbewusster Lobbyverbände brachte wirkliche Veränderung. Denn plötzlich war der Maßstab für die politischen Entscheidungen ein anderer. Es ging nicht mehr bloß darum, den Begriff der Nachhaltigkeit allein auf die Wirtschaft anzuwenden, also sich darauf zu konzentrieren, was dem eigenen Land finanziell am meisten nützt, sondern die Ökologie und damit eine lebenswerte Umwelt bei allen Gesetzen und Regelungen an die oberste Stelle zu setzen.

Gerhard Knies, Erfinder des Desertec-Projektes zur Versorgung der Welt mit Solarstrom aus den Wüsten, hatte schon 2013 das zukunftszerstörende Missverständnis zwischen Ökonomie und Ökologie kritisiert. »Das berühmte Nachhaltigkeitsdreieck zeigt im Idealzustand die Ökonomie, die Ökologie und das Soziale gleichwertig nebeneinander. Nach dem Motto: Wir dürfen die Natur nur so weit schützen, wie sie uns bei unseren Wirtschaftsprozessen nicht stört. Eine Perversion. Nur ein Zyniker kann das erfunden haben. Besonders bei Leuten aus der Industrie ist diese Darstellung ungeheuer beliebt«, erklärt Knies. »Dabei ist die Ökosphäre die Basis für die Soziosphäre, und zu der gehört als ein Teil die Ökonomie. Die Wirtschaft muss immer unter dem Primat der Ökologie stehen, wenn wir nicht den Ast absägen wollen, auf dem wir sitzen.«[2]

So war es zuallererst die Energiewende, die durch das Eingreifen der kinder- und jugendgeführten Lobbygruppen vielleicht nicht schneller, aber effektiver gelang. Denn gegen Argumente, die das schlichte Überleben zum Kern haben, sind Haltungen, denen es primär um den kurzfristigen kommerziellen Profit geht, letztlich machtlos. Sämtliche Entscheidungen, die in der Vergangenheit viel zu schnell zugunsten von Rentnern und Pensionären getroffen wurden, sind so einfach nicht mehr möglich. Generationengerechtigkeit ist das Wort der Stunde.

Beim Diskurs mit den jungen Lobbyisten taten sich immer wieder auch große Talente hervor. Höchst empathischer, weitsichtig denkender und sehr schlau argumentierender Nachwuchs, der derart beeindruckte, dass er heute nicht bloß Beraterposten im Kanzleramt bekleidet, sondern ein neu eingerichtetes Kinderministerium führt.

STELL DIR VOR, ...

... ES GIBT KEINE MASSENTIERHALTUNG MEHR!

Was tun mit all den Schweinen? Sollte man sie in der größten Schlachtaktion aller Zeiten doch noch mal eben um die Ecke bringen? Sie wären doch eh per Bolzenschuss getötet worden und dann auf irgendeinem Teller gelandet. Es wäre wohl die leichteste Variante gewesen, um das Ende der Massentierhaltung einzuläuten. Aber es hätte nicht zu dem visionären Entschluss gepasst. Daher passierte mit den über 27 Millionen deutschen Schweinen, mit den zwölf Millionen deutschen Rindern, mit der halben Milliarde deutscher Masthühner und den Abermillionen Leidensgenossen in aller Welt etwas bislang Unvorstellbares: Viele der Tiere wurden einer artgerechten, biologischen Haltung zugeführt, Höfe und Stallungen mit staatlicher Unterstützung zu Biofarmen umgebaut. Weil diese Form der Tierhaltung in so großen Dimensionen jedoch nicht möglich war, wurde in der EU in einer Übergangsphase der Pflegepakt für Nutztiere (PfN) verabschiedet und umgesetzt. Jeder deutsche Staatsbürger war dazu aufgerufen, sich – je nach Haushaltsgröße – um eines oder mehrere Tiere zu kümmern, bis zum natürlichen Tod der Kreatur. Haushalte mit Garten erhielten die Möglichkeit, die Schweine, Enten und Hühner auf dem eigenen Grundstück zu halten. Die meisten griffen auf das Angebot ihrer Kommune zurück, die Tiere in einem der öffentlichen Ställe unterzubringen.

Nach 20 Jahren ist die letzte Tiergeneration aus Massenzucht friedlich gestorben – und nicht nur die Welt der Fleischproduktion ist eine andere. Neben der Tatsache, dass der Eintrag von Antibiotika in unsere Nahrung und ins Trinkwasser auf ein Minimum sinken konnte, hat der Paradigmenwechsel größte Auswirkungen auf das Weltklima. Da Rinder, Schafe und Ziegen als Wiederkäuer ungeheure Mengen des Klimakillers Methan ausrülpsen, reduziert sich auch dessen Anteil an den Treibhausgasen radikal. Lächerlich? Keineswegs. Bedenkt man, dass der globale Fleischkonsum in den vergangenen Jahrzehnten extrem zugenommen hatte und in der Folge weltweit anderthalb Milliarden Zuchtrinder Methan produzierten, ist der Effekt alles andere als gering. Ein Mastrind lebt ungefähr zwei Jahre. In der Zeit setzt es 200 000 Liter Methan frei – und Methan ist 23 Mal so klimaschädlich wie Kohlendioxid …

Und die Rinderherden hatten das Klima gleich doppelt belastet. Denn um Weideflächen sowie Anbauflächen für Tierfutter wie Soja und Mais zu schaffen, wurde in Südamerika bekanntlich über Jahrzehnte der Regenwald gerodet. Der US-Ökonom Jeremy Rifkin hat einmal berechnet, dass durch einen Hamburger, den ein hungriger Amerikaner verschlingt, rund sechs Quadratmeter Urwald abgeholzt worden sind.[1] Und wer in der Schule aufgepasst hat, weiß, dass Bäume sehr viel Kohlendioxid binden. Durch den Kahlschlag wandern daher jährlich rund 2,4 Milliarden Tonnen in die Atmosphäre. Addiert man nun zu dem nicht mehr emittierten Methan auch noch die vermiedenen Kohlendioxid-Emissionen hinzu, könnten nach Schätzungen der Ernährungs- und Landwirtschaftsorganisation der Vereinten Nationen (FAO) knapp 20 Prozent der den Treibhauseffekt verursachenden Gase verhindert werden.

Aber wie will man die auf die Zehn-Milliarden-Marke zusteuernde Weltbevölkerung ohne Massentierhaltung satt bekommen? Die utopische Realität zeigt, dass es funktioniert. So wie früher an jeder zweiten Ecke eine Fastfood-Filiale oder ein Coffee-Shop die Hungrigen und Durstigen versorgte, tun dies heute Zehntausende von veganen Slowfood-Bistros und Supermärkten. Bereits 2013 war eine vom Umweltwissenschaftlichen Institut der Universität Minnesota veröffentlichte Studie zu dem Ergebnis gekommen, dass die Welt nicht auf Fleisch angewiesen ist.[2] Die damaligen 7,2 Milliarden Menschen plus vier weitere zukünftige Milliarden seien mit einer komplett tierfreien, also veganen Ernährung zu versorgen. Dafür wäre noch nicht einmal eine Steigerung der landwirtschaftlichen Produktion notwendig – vorausgesetzt man stellt die Produktion von Bio-Diesel ein, stoppt auch Zucht und Ernte von Tierfutterpflanzen und schlägt die Flächen wieder dem Nahrungsmittelanbau zu. Laut Studie würden 2700 Kalorien pro Tag für jeden Menschen dabei herauskommen. Damals wurden mehr als ein Drittel der weltweit durch Ackerbau produzierten Kalorien an Nutztiere verfüttert, erklärte die an der Studie beteiligte Umweltwissenschaftlerin Emily Cassidy. Nur zwölf Prozent dieser Kalorien gelangten jedoch über Fleischwaren, Eier und Milchprodukte in unsere Nahrung.

22.

STELL DIR VOR, ...

... WIR KÖNNEN IM SUPERMARKT BIOPHOTONENSCANNER NUTZEN!

Es sind recht unauffällige Geräte, die da an den Obst- und Gemüsetheken neben den Etikettierwaagen stehen. Doch die Technik, die sie bergen, ist revolutionär. Vor ein paar Jahren noch belächelt, heute Standard in jedem Lebensmittelladen, der etwas auf sich hält. Sogenannte Biophotonenscanner informieren die Kunden darüber, wie viel Leben überhaupt in den Pflanzen steckt, die sie im Begriff sind zu kaufen. Macht der Verzehr des Apfels überhaupt noch Sinn – oder ist das knackige Stück eigentlich so gut wie tot?

Um sich selbst die Frage zu beantworten, muss man nur einen industriell für den Massenmarkt angebauten Apfel unter den Biophotonenscanner halten, danach einen Apfel von Bio- oder gar Demeterqualität – und den Unterschied vom Display ablesen. Ein Obst aus biologischem Anbei trägt weit mehr Biophotonen in sich.

22.

Das gleiche Experiment gelingt mit einem Ei aus der Legebatterie im Wettbewerb mit einem aus ökologischer Bodenhaltung. Ein Biophotonenscanner funktioniert wie ein Restlichtverstärker und misst die Lichtstrahlung von biologischen Organismen.

Im Labor würde man lebensmittelchemisch zwischen Apfel und Bio-Apfel, zwischen Ei und Bio-Ei nach gravierenden Differenzen vergeblich suchen. Und doch ist der Unterschied immens. Folgt man den Erkenntnissen bedeutender, aber im Wissensmainstream recht unbekannt gebliebener Forscher, muss man eine überraschende Variable in die Gleichung von gesunder Ernährung einbeziehen: Die Qualität eines Lebensmittels misst sich weder über sein makelloses Aussehen noch über ein Übermaß an Vitaminen oder Enzymen, sondern in erster Linie darüber, wie viel Sonnenlicht es gespeichert hat!

Diese These ist für die meisten Menschen neu. Obwohl bereits in den Zwanzigerjahren des vergangenen Jahrhunderts der russische Forscher Alexander Gurwitsch eine Lichtstrahlung entdeckte, die von lebendigen Organismen ausging. Eine Lichtstrahlung, die nichts mit den chemischen Reaktionen innerhalb der Zellen zu tun hatte, sondern die ein Feld bildete, über das Informationen übertragen wurden, von Zelle zu Zelle und selbst von Pflanze zu Pflanze. Rund 50 Jahre später war es der deutsche Biophysiker Prof. Dr. Fritz-Albert Popp, der durch Tausende Experimente zur gleichen Erkenntnis kam – ohne vorher von Gurwitsch gewusst zu haben. Er realisierte: Pflanzen speichern Sonnenlicht – höchstwahrscheinlich in den erbguttragenden DNA-Molekülen – und strahlen es nach und nach wieder ab. »Man kann es nicht oft genug betonen«, so bringt Popp heute die Quintessenz seiner Studien gerne auf den Punkt, »wir sind primär nicht Kalorienfresser, auch nicht Fleischfresser, Vegetarier oder Allesfresser, wir sind Lichtsäuger.«[1]

Was genau steckt hinter dieser Aussage? Höchst wahrscheinlich ein bisher kaum beachtetes Naturgesetz. Fakt ist, dass uns die Sonne jede Sekunde rund eine Billion Photonen pro Quadratzentimeter entgegenschleudert. Photonen sind als winzigste Lichtteilchen Bestandteil der elektromagnetischen Strahlung. Sie wärmen uns nicht nur, treiben bei Pflanzen die Photosynthese an, sondern helfen dabei, das gesamte Leben auf unserem Planeten zu entfalten: Die moderne Quantenphysik geht davon aus, dass Photonen Kommunikationsmittel sind, über die Elektronen bzw. unsere daraus aufgebauten Zellen miteinander in Verbindung stehen und sich gegenseitig »informieren«. Das Sonnenlicht regt die Elektronen in unserer Nahrung an und verhilft ihnen dazu, höhere, harmonischere Ordnungsstufen einzunehmen und inneres Chaos zu minimieren. Bei diesem Prozess werden wiederum Photonen freigesetzt, die als äußerst schwache und mit dem menschlichen Auge nicht sichtbare Strahlung per Restlichtverstärker gemessen werden können. Da diese Strahlung von lebendigen Systemen ausgeht, spricht Fritz-Albert Popp von Biophotonen. Nicht bloß er ist der Ansicht, dass die Biophotonen sämtliche inneren Prozesse steuern und damit auch Auskunft über den Ordnungsgrad beziehungsweise die Gesundheit eines Organismus – sei es nun ein Ei oder ein Mensch – geben können.

Was hat es mit der ordnenden Kraft von Nahrung auf sich? Der österreichische Quantenphysiker Erwin Schrödinger wies schon vor Jahrzehnten darauf hin, dass es bei Lebensmittelqualität nicht darauf ankomme, dass der Verbraucher mit Energie versorgt, sondern er von der Nahrung »richtig informiert« und dadurch »seine Ordnung stabilisiert« werde.[2] Anders gesagt: Jedes Lebensmittel kann durch seine jeweilige Beschaffenheit andere Schwingungen aus dem elektromagnetischen Spektrum aufnehmen. Beim Essen biophotonenreicher Kost stabilisieren wir sozusagen die Wellenlängen, die in unserem Organismus in Disharmonie sind. Fritz-Albert Popp erklärt den Mechanismus so: »Ideale Nahrung wirkt primär nicht als Treibstoff, sondern als Überträger fehlender Schwingungen im Verbraucher. Ähnlich einem Geigenbogen, bei dem es primär nicht auf die Übertragung mechanischer Energie ankommt, sondern auf die Stimulation harmonischer Schwingungen der Geigensaite.«[3] Obwohl Popps Erkenntnisse vielfach bestätigt wurden und seit Jahren weltweit an Biophotonen geforscht wird – beispielsweise würde in der Krebserkennung ein Biophotonenscanner, der die menschliche Strahlung misst, die Medizin revolutionieren wie einst das Röntgengerät –, trifft der Deutsche immer noch auf Stimmen der alten Forscherschule. Sie sieht den Menschen vor allem als biochemisches Wesen und streitet ab, dass ordnende Felder einen erheblichen Einfluss auf unsere Gesundheit haben.

Gegenwind hat Pionier Popp allzu oft abbekommen. Wie damals im Max-Planck-Institut für Lebensmittelforschung, als er eingeladen war, die Frage zu diskutieren, ob es unsere DNA ist, die in unseren Zellen das Licht speichert. Nebenbei bemerkte er, dass mit seiner Messmethode auch der wahren Lebensmittelqualität auf den Grund gegangen werden könne. Die Töne, die er sich daraufhin anhören musste, waren despektierlich: Das würde vielleicht Marktfrauen interessieren, aber keine wissenschaftliche Institution.

Popp blieb bei seiner Haltung – und war Jahrzehnte später derjenige, der den ersten Biophotonenscanner in einem Hamburger Supermarkt in Betrieb nehmen durfte. Die neue Technik hat zu einem Sturmlauf auf Bio- und Demeterware geführt. Denn sie hatte das immer wieder verbreitete Märchen ausräumen können, dass es eigentlich keinen Unterschied zwischen konventioneller und biologisch hergestellter Nahrung geben würde. Seitdem sind die Menschen viel vitaler und weitaus weniger krank. Popps Erfindung hat in der Bevölkerung zu einem Glaubensbruch geführt. Tote Massenware ist out und wird immer weniger nachgefragt. Der Handlungsdruck liegt nun auf der Agrarindustrie, die Stück für Stück auf Bioanbau umstellt.

Auch die Gastronomie musste sich von der Verarbeitung von Industriegemüse und Batterie-Eiern verabschieden. Weil viele ihrer Gäste jetzt auch den ersten mobilen Biophotonenscanner im praktischen Handtaschenformat dabei haben und sofort enthüllt werden kann, welche Qualität da eigentlich auf dem Teller liegt.

STELL DIR VOR, ...

... DER JOURNALISMUS STELLT WIEDER DIE VIERTE MACHT IM STAATE!

Das, was man früher Journalismus genannt hatte, musste komplett wieder aufgebaut werden. Vom »medialen Ground Zero« war die Rede, als herauskam, dass selbst angesehene Publikationen von Lobbyisten unterwandert wurden und im großen Maße Geschichten veröffentlichten, die ihnen PR-Agenturen und Spin Doctoren hereingereicht hatten. Doch schon zuvor stand vieles in Ruinen. Der Ausverkauf hatte begonnen, nachdem sich Verlage dazu entschlossen hatten, an die Börse zu gehen. Anstatt sich auf das Herzstück zu besinnen und es mit viel Geld am Leben zu halten, wurde rationalisiert, gekürzt, gespart und fusioniert, wo man nur konnte. Schließlich mussten ja in erster Linie die Aktionäre zufrieden sein, dann die Anzeigenkunden, danach erst die Leser. Das Vakuum in den einstigen Verlagen wurde oft mit dem Ankauf und der Entwicklung von Internetprogrammen gefüllt, die in erster Linie Orientierung darüber geben sollten, wo man was am billigsten kaufen kann. Kommerzielle Wegweiser anstelle journalistischer Wegweiser.

Mit der Entmachtung der vierten Macht traten neue Mitspieler in den Nachrichtenmarkt ein. Politische Whistleblower wie Edward Snowden (siehe Utopie 17) und Nicht-Regierungsorganisationen (NGOs) wie Foodwatch oder LobbyControl. Sie übernahmen wichtige Aufgaben, die zuvor der Journalismus übernommen hatte, schauten den Großen auf die Finger, übten öffentliche Kritik, saßen ganz nah dran an den stinkenden Kloaken der Mächtigen. Der Journalismus war dankbar dafür, denn die Redaktionen konnten auf die Recherchen der anderen aufspringen und unmittelbar von deren Mut und Mühen profitieren – und viele Menschen dachten, es steckte die Leistung eines Redakteurs hinter der Berichterstattung.

Doch dafür gab es immer weniger Ressourcen. Nicht nur finanzieller Art, sondern auch personeller Art. Und das hatte mit dem Rollenselbstverständnis der Journalisten zu tun. »Anstatt selbst zu recherchieren, verlassen sich deutsche Journalisten vor allem auf Pressemeldungen und die eigene Meinung«, sagt der Sprachwissenschaftler Gerald Ulrich Schneider.[1] Ein historisch gewachsenes Selbstbewusstsein, die vierte Macht im Staate zu stellen, habe es in der Bundesrepublik nie gegeben.

Dass eine seltsame persönliche Haltung der Akteure hinter dem Niedergang steckt, der Meinung ist auch Franz Alt. »Viele Medien bleiben oft beim Beschreiben der Probleme und verbreiten Angst und Schrecken«, erklärt die Koryphäe des investigativen Fernsehjournalismus. »Für die Medien ist jede Katastrophe ja erst einmal ein Geschäft. Aber dabei darf es nicht bleiben. Wir müssen immer auch nach dem Ausweg suchen – auf der materiellen und der geistigen Seite des Lebens. Diesen wichtigen Schritt machen wir insgesamt noch zu wenig.«[2]

Allerdings: Kein Journalist könne über sich hinausschreiben, sagt Alt. So wie kein Künstler über sich hinauskreieren und kein Pfarrer über sich hinauspredigen kann. »Ich kann nur so weit gehen, wie ich seelisch entwickelt bin. Wenn ich mir den heutigen Journalismus anschaue, dann sehe ich, dass es viele seelisch Verkrüppelte gibt. Ein Journalist kann nur so weit schreiben, wie er spirituell vorangekommen ist. Und wenn keine Entwicklung stattfindet, wird eben ewige Infantilität in den Artikeln und in den Filmen zu finden sein und keine Konstruktivität oder Kreativität.«

Alt zitiert an dieser Stelle gerne Albert Einstein, der einmal zu Protokoll gegeben hat, dass es doch die wichtigste aller Fragen sei, ob diese Welt ein freundlicher Ort ist oder nicht. »Wenn ich ein religiöser Mensch bin, der ein Urvertrauen in die Schöpfung hat, bejahe ich diese Frage«, sagt Alt. »Wenn ich das nicht bin, werde ich vielleicht nihilistisch. In unserem Journalistenberuf gibt es viele Nihilisten und viele Menschen, die Werte als etwas Lächerliches ansehen. Ohne Urvertrauen werde ich in diesem Beruf aber zum Zyniker. Deshalb sind auch viele Journalisten psychisch krank. Der Zynismus ist die Urkrankheit des Journalismus. Und der führt dazu, dass man überhaupt nicht mehr konstruktiv denkt.«[3]

Die Worte Alts fanden Eingang in ein Manifest, das die letzten Überlebenden eines aufrichtigen, unabhängigen und konstruktiven Journalismus verfassten. Es wurde zum Fundament für die erste deutsche Journalismus-Universität und die erste hauptsächlich mäzenatenfinanzierte Publikation. Die Universität bildet seitdem Journalisten sowohl handwerklich als auch hinsichtlich ihrer Persönlichkeits- und Bewusstseinsentwicklung aus. Moral und Ethik spielen jetzt genauso eine Rolle wie Punkt und Komma. Selbstgefälligkeit, Selbstzufriedenheit, Arroganz, Voreingenommenheit, Bestechlichkeit und der Hang zum Defätismus sollen von Beginn an keine Chance haben.

Der Journalist sollte in der Rangliste der angesehensten Berufe wieder unter die Top 3 aufsteigen und nicht mehr neben »Spitzensportler« und »Offizier« im unteren Mittelfeld rangieren.[4] Das ist auch dadurch gelungen, dass mit den bestehenden Journalistenschulen und Instituten, mit den Verbänden und übriggebliebenen Publikationen vereinbart wurde, den »Journalisten« zu einer geschützten Berufsbezeichnung zu machen – und nur noch handwerklich wie ethisch ausgebildete Menschen in einer Redaktion arbeiten zu lassen. Der an die Talentschmieden angeschlossene neue Medienbetrieb – er publiziert eine einzige starke Marke online und gedruckt, weltweit und mehrsprachig – ist inzwischen eine Vorzeigeunternehmung. Nicht nur, dass durch die neue mediale Truppenstärke und die hinzugewonnene Freiheit viele nicht für möglich gehaltene Skandale aufgedeckt wurden sowie völlig neue diskussionswürdige Themen auf die öffentliche Agenda gesetzt werden konnten. Die wirtschaftliche Unabhängigkeit und die Integrität der Journalisten hat auch verlorengegangenes Vertrauen wieder aufgebaut, was viele Bürger und altruistisch veranlagte Organisationen immer häufiger dazu veranlasst, sich mit ihren Informationen an den großen inhaltlichen und moralischen Marktführer zu wenden. Dessen Erfolg zeigt heute, dass dem vorübergehenden Wachkoma des Journalismus eine Selbstinfektion zugrunde lag, die kuriert werden konnte.

Die Politik musste sich an die neue vierte Macht erst wieder gewöhnen, war man doch aus den vergangenen Jahren von den Medienvertretern viel Unkenntnis und vorauseilenden Gehorsam gewohnt. Nun stehen die Journalisten nicht mehr als Steigbügelhalter zur Verfügung und die Publikationen nicht mehr als Verlautbarungsplattformen. Auch das in der Vergangenheit völlig üblich gewordene nachträgliche Autorisieren bzw. Zensieren von Interviews ist abgeschafft. Die für den Bürger größte sichtbare Veränderung und für die Politiker gleichzeitig die wohl größte Kränkung: Sämtliche Anlässe, die lediglich symbolische Politik sind – also bestimmte Pressekonferenzen, Pressereisen, Einweihungen, Fototermine vor prächtiger Kulisse –, werden konsequent ignoriert.

Die Konsequenz ist hauptsächlich die, dass sich die Politik dazu entscheiden musste, ihre Arbeit weniger zu inszenieren. Schauspielerische Qualitäten, die ein Politiker im Zuge des Talkshow-Zeitalters noch haben musste, sind nicht mehr gefragt. Durch die Professionalisierung im Journalismus muss es plötzlich um Inhalte gehen. Das hat dazu geführt, dass ein ganz anderer Schlag von Mandatsträgern ins Rampenlicht gerückt ist – Menschen, die eben wieder mehr Politiker sind als Politiker-Darsteller.

STELL DIR VOR, ...

... WIR VERFÜGEN ÜBER GEISTIGE SUPERSINNE!

Sämtliche Lotterien sind eingestellt worden. Zu oft musste in den vergangenen Wochen der Jackpot ausgeschüttet werden. Auch Quizshows im Fernsehen machten für die Veranstalter keinen Sinn mehr, und auch dem Publikum brachten sie keinen Spaß. Denn die höchste Gewinnstufe wurde von den Kandidaten Mal um Mal im Schnelldurchlauf erreicht. Weil die Antworten ohne Probleme und Telefonjoker genannt werden konnten. Und da die Gewinne an den Finanzmärkten zu einem Großteil über Wetten auf Kursverläufe gemacht werden, mussten aus Sicherheitsgründen auch die Börsen geschlossen werden. Wahnsinnssummen wurden eingefahren, da der Faktor gelungener Kurswetten unerhört gestiegen war. Ein neuer Wohlstand ist plötzlich übers Land gekommen.

Was ist passiert? Immer mehr Menschen haben ihre geistige Visualisierungskraft, ihr Vorstellungsvermögen professionalisiert und erreichen auf diese Weise, dass sich ihre Wünsche weitaus häufiger realisieren als in der Vergangenheit. Gleichzeitig schärften die Menschen ihre Intuition, also die Fähigkeit, ihrem Bauchgefühl zu folgen. Sie schulten sich außerdem in der Disziplin der Fernwahrnehmung, können nun Dinge erfahren, die ganz woanders passieren. Sie haben ihr Bewusstsein derart sensibilisiert, dass sie in der Lage sind, Gedanken zu lesen, stumm zu kommunizieren und die Zukunft zu erahnen. Dass die Menschen ihre neuen geistigen Gaben zuerst einmal dafür nutzten, dem schnöden Mammon nachzujagen, war typisch für den ausgehenden Turbokapitalismus. Es sind jedoch andere Veränderungen, die für einen weitaus stärkeren Wandel sorgen: Umfragen ergeben, dass die Bevölkerung so glücklich ist wie nie zuvor.

Die Nachrichten sind voll von Begebenheiten, die man traditionell als »Wunder« bezeichnet. Schwerkranke konnten geheilt werden, chronisch Leidende haben keine Schmerzen mehr. Die Schulmedizin steht vor einem Rätsel – und muss nun erstmals mit drastisch sinkenden Patientenzahlen klarkommen. Weil die große Rolle des Geistes im Heilprozess entdeckt worden ist (siehe auch Utopie 5). Die Menschen heilen sich selbst, oder sie heilen andere, indem sie sich den Kranken im Geiste als kerngesund vorstellen und dieses Positivmuster auf ihn übertragen.

Auch die Opferzahlen großer Katastrophen sind zurückgegangen. Menschen, die ihr Bewusstsein derart trainiert haben, dass sie kommendes Unheil ahnen können, nehmen einfach einen Flug später. Soll das Flugzeug doch ohne sie abstürzen. Ganze Landstriche leeren sich rechtzeitig, bevor sich Erdbeben, Tsunamis oder Tornados entfesseln.

Die Verbrechensrate sinkt ebenfalls. Mord, Raub, Diebstahl, Entführungen, all das lohnt sich nicht mehr, zu groß ist die Befürchtung, durch die weit verbreitete Gabe der Fernwahrnehmung unmittelbar nach der Tat entdeckt zu werden.

Flächendeckend hat sich die Seelenlage der Menschen entspannt. Die zuletzt so dominierenden Angstzustände der Bevölkerung sind einer nie dagewesenen Zuversicht gewichen. Denn in dem Wissen darüber, dass es unser Geist ist, der unser Leben formt, üben sich die Verzweifelten und Resignierten plötzlich darin, ihr kreatives Bewusstsein zu aktivieren und positiv zu denken. Und sie merken, dass es funktioniert. Sie stecken nicht mehr in dem Irrtum fest, sie seien dem Staat, ihrem Arbeitgeber, der bösen Gesellschaft, dem fatalistischen Schicksal ausgeliefert. Sie übernehmen wieder die Regie in ihrem Leben. Mut, Selbstwertgefühl, Selbstsicherheit haben dazu geführt, dass gerade ein Ruck durchs ganze Land geht.

Ein solches Szenario ist keineswegs abwegig. So wie wir unsere Fitness und Kondition trainieren, um körperlich stärker, schneller, ausdauernder oder geschickter zu sein, könnten wir längst auch unsere geistigen Sinne trainieren, um feinfühliger, hellsichtiger und schöpferischer zu werden. Perfektionierten die Menschen durch tägliche Übungen ihre mentalen Fähigkeiten, vermögen sie gar – das behaupten mittlerweile viele Forscher, Mediziner und Psychologen –, regelrechte Wunder zu initiieren. »Wesentliche Elemente der Heilung liegen im Menschen«, versichert Winfried Rief vom Fachbereich Klinische Psychologie und Psychotherapie der Universität Marburg. »Sogar bei schweren körperlichen Erkrankungen kann er seine Genesung beeinflussen.«[1]

Der Heidelberger Arzt Dr. Lothar Hollerbach beispielsweise ging über viele Jahre hinweg in die Schule des zyprischen Heilers Daskalos, der – glaubt man den Berichten derer, die ihm nahe waren – bis zu seinem Tode Ende des vergangenen Jahrhunderts durch reine Gedankenkraft sogar Materie verwandeln konnte. Hollerbach gelang es durch diszipliniertes Üben, seine geistigen Fähigkeiten so zu trainieren, dass er heute imstande ist, bei seinen Patienten völlig unverhoffte Heilprozesse anzustoßen. Wichtig beim Auslösen von Besserung sei, so Hollerbach, möglichst perfekt darin zu sein, sich den gesunden Wunschzustand des Körpers (wie auch einen beliebigen Wunschzustand im Alltag) vor dem geistigen Auge präzise, positiv und präsent vorzustellen – um beispielsweise voller Überzeugung denken und sagen zu können: »Mein linkes Knie *(präzise)* ist jetzt *(präsent)* gesund *(positiv)*« und nicht »Mein kaputtes Knie soll morgen schmerzfrei sein«.[2] Durch viele Studien und Experimente weiß man heute, dass hinter der Heilung quantenphysikalische Kettenreaktionen stehen, die sich – ausgehend vom gedanklichen Impuls – im feinstofflichen Bereich der Materie fortsetzen und letztlich in deren Grobstofflichkeit manifestieren (siehe auch Utopie 5).

Um auch beharrliche Zweifler von der tatsächlichen Kraft unseres Geistes zu überzeugen, erzählt der amerikanische Zellbiologe Dr. Bruce Lipton in seinen Publikationen und Vorträgen gerne Anekdoten aus dem Alltag. Wie die von Menschen, die sich barfuß über glühende Kohlen wagen und hinterher keinerlei Blessuren zu verarzten haben. »Wer einen Lauf über 900 Grad heiße Kohlen erfolgreich absolviert«, erklärt Lipton, »hat aus erster Hand ein wesentliches Prinzip der Quantenphysik erfahren: Der Beobachter – in diesem Fall der Feuerläufer – bestimmt seine Realität.«[3] Der Forscher berichtet auch von der Amerikanerin Angela Cavallo, die in der Lage war, minutenlang einen tonnenschweren Chevrolet hochzustemmen, damit ihr darunter eingeklemmter Sohn befreit werden konnte. Lipton erzählt von tiefgläubigen Christen, die in Kentucky mit Giftschlangen hantieren, gebissen werden, danach aber überhaupt keine Vergiftungssymptome zeigen. Andere, weiß Lipton, wollen den göttlichen Schutz beweisen, indem sie sogar Gift trinken – und kerngesund überleben. Gift zu trinken sei kein Spiel für Vertreter des Vielleichts, kommentiert Lipton. Es komme auf den unerschütterlichen Glauben an. »Es ist eher wie mit einer Schwangerschaft: Entweder man ist schwanger oder man ist es nicht. Das ist das Schwierigste am Spiel mit Überzeugungen: Entweder man hat sie oder man hat sie nicht. Es gibt keinen Mittelweg.«

Dass geistige Talente perfektioniert werden und ganz praktisch genutzt werden können, machen seit Jahrzehnten auch die Geheimdienste vor. Sie betreiben riesige Abteilungen, in denen sie das sogenannte Remote Viewing, das heißt die Gabe der Fernwahrnehmung trainieren und anwenden, um dem Gegner immer einen Schritt voraus zu sein bzw. dessen Pläne zu durchschauen. Schon zu Beginn des dritten Jahrtausends gab es zahlreiche Remote-Viewing-Agenturen, über die jedermann – selbstverständlich auch zu friedlichen Zwecken – sein Talent als Hellseher schulen und gegen Honorar anbieten kann. Auf einer der Anbieter-Websites heißt es: »Ob Sie nach verloren gegangenen Schätzen suchen, eine neue technische Erfindung machen wollen, Lösungen bei gesundheitlichen Problemen benötigen, den richtigen Ansatz für eine Firmengründung brauchen, Kriminalfälle lösen und verschwundene Menschen aufspüren möchten oder im Lotto, bei Sportwetten und an der Börse korrekte Zukunftsprognosen abgeben wollen, mit Remote Viewing sind Sie auf dem richtigen Weg.«[4] Was nach einem Science-Fiction-Szenario klingt, ist 2014 bereits Realität.

25.

STELL DIR VOR, ...

... JEDER SAGT
DIE WAHRHEIT!

Der letzte große Krieg liegt lange zurück. Und im Nachhinein ist allen klargeworden, dass viele militärische Auseinandersetzungen der vergangenen Jahrzehnte hätten im Keim verhindert und Millionen von Menschenleben gerettet werden können. Hätte man nur die Wahrheit gewusst. Hätte man nur gewusst, dass der Krieg durch eine Lüge vom Zaun gebrochen wurde. Denn sogenannte False-Flag-Operations (Operationen unter falscher Flagge) waren seit jeher ein probates Mittel, Rechtfertigung dafür zu schaffen, einen Feldzug zu unternehmen. Das war beim Zweiten Weltkrieg so, der mit dem von den Nationalsozialisten inszenierten Überfall polnischer Soldaten auf den Sender Gleiwitz begann. Das war beim Vietnamkrieg der Fall, der 1964 nach dem sogenannten Tonkin-Zwischenfall, einem vermeintlichen vietnamesischen Übergriff auf ein Boot der US-Marine, losbrach. Das war beim Irakkrieg von 2003 so, der begonnen wurde, nachdem US-Außenminister Colin Powell vor den Vereinten Nationen gefälschte Beweise für den Besitz von Massenvernichtungswaffen des Irak vorlegen musste. Manche sagen sogar, die Attacken vom 11. September 2001 auf das World Trade Center seien ein großes Schauspiel gewesen, um im Nahen Osten einen profitablen Krieg zu führen. Eine List, die – wenn es denn eine war – aufging. Anders als 1962, als allein US-Präsident Kennedy den perfiden Plänen seines Generalstabs widerstand, über Geheimagenten das eigene Land anzugreifen, um nachher in Kuba einzumarschieren. Diese Wahrheit kam übrigens erst in den Neunzigerjahren heraus, als ein Journalist auf den

Freedom of Information Act pochte und die Regierung zur Herausgabe entsprechender Dokumente verpflichtet war.

Vorbei. Mit der Wahrheit ist der Friede gekommen. Denn der Friede ist der große Bruder der Wahrheit. Nicht nur im weltpolitischen Maßstab, bis hinein in die privaten Beziehungen gilt diese Verwandtschaft.

Auf dem Planeten der Wahrheit herrscht völlige Klarheit. Die ständige Angst hintergangen zu werden, ist fort. Das hat zu einem Urvertrauen geführt und das wiederum zu einer ungeheuren Leichtigkeit. Jeder weiß, woran er ist. Die Wahrheit, so hart sie manchem anfangs auch vorkommen mag, macht die Menschen frei, sie lässt sie nicht mehr im Ungewissen verharren und auch nicht mehr in Scheinwelten leben, sondern animiert weiterzugehen. Die Wahrheit hat auch diejenigen befreit, deren Lebens- und Arbeitsmittel die Lüge gewesen ist, denn sie sehen sich nicht mehr unter dem psychologischen und logistischen Druck, ihre Lügen zu tarnen.

Damit ist das Schauspiel genauso für falsche Freunde vorbei wie für falsche Idole. Uli Hoeneß, Alice Schwarzer, Woody Allen, keine Chance mehr für die Angebeteten, die alles daran gesetzt hatten, ihre Leichen im Keller zu verbergen. Idole und Vorbilder sind jetzt andere. Auch die Politik erlebt eine Renaissance. Was war noch mal gerade Politikverdrossenheit? Die Lügenbarone von einst mussten abtreten, darunter auch lange Zeit als weise angesehene Wortführer. Ganz oben stehen nun integre Personen, die man beim Wort nehmen kann und bei denen ein Wahlversprechen ein Wahlversprechen ist, es sind genau die, die ihren Posten verdient haben, weil sie sich ihre Karrieren redlich erarbeitet haben.

Auch in der Wirtschaft musste unter der Maßgabe der Wahrheit die Mehrheit der Führungskräfte und Konzernlenker abdanken. Mit dem Abschied der Korruption hat sich die Geschäftswelt grundlegend verändert, war der Betrug doch das Benzin im Motor der Gier. Betrug, Korruption und Intrige waren in der Vergangenheit nicht nur Schädlinge für die gesellschaftliche Moral, sie hatten vor allem menschliches Leid und soziale Probleme verursacht, begünstigten Ausbeutung, Ungleichverteilung und Umweltschäden und riefen einen irrsinnigen gesamtwirtschaftlichen Schaden hervor. Über eine Billion Dollar wurden Anfang des dritten Jahrtausends laut Weltbank pro Jahr an Bestechungsgeldern gezahlt, um noch gigantischere Vermögenswerte ins Ausland zu verschieben.[1] Die komplette globale Geldwirtschaft wird nun von einem anderen Führungspersonal organisiert. Hatte doch selbst bei renommierten Institutionen wie der amerikanischen Federal Reserve Bank Korruption zum guten Ton gehört. Zur Erinnerung: Die Whistleblowerin Karen Hudes hatte 2013 für einen Paukenschlag gesorgt, indem sie öffentlich darauf hinwies, dass in der Behörde eine kleine Gruppe korrupter und machthungriger Figuren das gesamte (!) globale Finanzsystem dominiert.[2] Kurz: Die ganze Welt ist im Lichte der Wahrheit nicht wiederzuerkennen.

War ein Computer Schuld an diesem menschenfeindlichen Leitbild der Lüge? Im Kalten Krieg speisten die Amerikaner sämtliche Spionagedaten in den damals leistungsfähigsten Rechner der Welt. Anhand dieses Wissens ließen sie über die Mitte der Vierzigerjahre von Mathematikern entwickelte Spieltheorie (Game Theory) berechnen, wie sich der Gegner wohl verhalten würde. Basis der Spieltheorie war jedoch die Annahme, dass die Mitspieler ausschließlich taktisch und auf den eigenen Vorteil bedacht vorgingen. Die vermutete Entscheidung des anderen wurde in den Vorschlag für den eigenen Entschluss eingerechnet und verursachte diesen erst. Und traute man damals den Russen etwas Gutes zu? Sah man deren Verlautbarungen etwa als glaubhaft an?

Die Spieltheorie wurde durch die R.A.N.D. Corporation weiterentwickelt, was zu noch abstruseren Modellen führte (spätere Regierungsmitglieder saßen in diesem Gremium). Im Rahmen dessen ertüftelte der Mathematiker John Nash das Gesellschaftsspiel »Fuck you, Buddy!«. Der einzige Weg zu gewinnen lag darin, alle Mitspieler mit maximaler Skrupellosigkeit zu betrügen. Aus dieser Arbeit formten die Wissenschaftler ein Gesellschaftsmodell, in dem freie Individuen durch Selbstsucht und Misstrauen ein sogenanntes Equilibrium erzeugten, einen Geist, der verhinderte, dass man sich vertraut und kooperiert. Konsequenz war eine bedrückende Balance in einer Gesellschaft aus Gegnern beziehungsweise Kriegsgegnern, die nur funktionierte, weil alle Akteure den Betrug anwendeten. Doch aus dieser Logik gibt es keinen Ausweg. Keiner würde sich ändern, wenn die anderen sich nicht ändern. Jede Veränderung würde die Stabilität des Systems bedrohen und das Risiko vergrößern, als Verlierer dazustehen. Dieser Geist beherrschte lange Zeit große Teile der Weltpolitik und der Weltwirtschaft. Obwohl bei jenem John Nash Paranoia diagnostiziert wurde und er sich von seinen ersten Theorien distanzierte. Obwohl der Kalte Krieg längst vorbei war – aber eben nicht der Kapitalismus.

Eine ins Gegenteil verkehrte Spieltheorie könnte nun die Rettung gebracht haben. Ein von visionären Computer-Nerds programmierter Algorithmus, der annimmt, dass im Gegenüber positive Kräfte walten und der Kontrahent genauso in Frieden leben möchte wie man selbst. Dieses neue konstruktive Menschen- und Gesellschaftsbild wurde an allen politik- und wirtschaftswissenschaftlichen Instituten der Erde verankert. Frische, unverdorbene Generationen saugen die Botschaft von Kooperation, Solidarität und Redlichkeit auf. Eine neue Epoche konnte beginnen.

In den letzten Jahren des alten Menschenbildes wurden unzählige Studien zum menschlichen Lügenverhalten gemacht. Viele fügen sich perfekt in die turbokapitalistischen Muster ein. Forscher des Josephson-Instituts für Ethik fanden heraus, dass diejenigen besonders oft die Unwahrheit sagten, die unter großem Leistungsdruck standen.[3] Das traf nun mal auf Schüler genau so zu wie auf Unternehmer, Banker und Staatschefs. Andere fanden heraus, dass Reiche eher zur Lüge neigten.[4] Weil sich in ihren Kreisen ein Wertesystem durchgesetzt hat, das Gier und Egoismus höher bewertet als Wahrhaftigkeit und soziales Handeln. Auch das passt in die Postmoderne. Die amerikanische Soziologin Jan Stets zieht den Schluss, dass es in erster Linie der unmittelbare Mikrokosmos der Menschen ist, der die Lüge der Wahrheit vorziehen lässt.[5] Schließlich: Laut einer Studie der University of Carolina wird in E-Mails 50 Prozent mehr gelogen als in Briefen. Auch hier scheint die Unwahrheit ein Symptom der damaligen Zeit zu sein, geschuldet der zunehmenden Beschleunigung. [6] Heißt: Wer länger nachdenken kann, bleibt eher bei der Wahrheit.

Die Untersuchungen haben dabei mitgeholfen, die Wahrheit wieder in Mode zu bringen. Firmen und Behörden setzen jetzt auf Entschleunigung, lassen Druck aus dem Arbeitsalltag ihrer Angestellten entweichen, und, tja, viele der Reichen und Mächtigen sind erst dazu gebracht worden, nach dem Neunten Gebot zu leben, als über Wahrheitsinitiativen wie WikiLeaks und OffshoreLeaks ihre Leichen im Keller ans Tageslicht kamen und die Presse ihren medialen Pranger errichtete (siehe auch Utopie 17).

Und noch eine Blockade aus den Zeiten der Lüge konnte abgebaut werden. Die bewusste Täuschung über vermeintliche Funktionsfähigkeit und Nachhaltigkeit von Produkten und Strategien lösten sich auf. Das bescherte der Welt einen nie dagewesenen Innovationsschub und damit einen Evolutionsschub, der erstmals berechtigte Hoffnung verbreitete, das Projekt Menschheit doch noch zu retten: All die Erfinder wirklich nachhaltiger Technologien sowie heilsamer Medikamente und Therapien, die von den gigantischen Marktgegnern bekämpft und diskreditiert wurden, haben jetzt freie Bahn (siehe auch Utopie 32).

In der Bibel findet man auf die berühmte Pilatus-Frage »Was ist Wahrheit?« an Jesus keine Antwort. Wohl aber im apokryphen Nikodemus-Evangelium. »Die Wahrheit stammt vom Himmel«, sagt da Jesus im Gespräch mit Pontius Pilatus. »Gibt es auf Erden keine Wahrheit?«, will Pilatus daraufhin wissen. Und Jesus antwortet: »Du siehst doch wie die, welche die Wahrheit sagen, von den irdischen Machthabern gerichtet werden.« Diese Zeiten sind jetzt vorbei, die neuen sind – geradezu himmlisch.

26.

STELL DIR VOR, ...

... DAS FERNSEHEN MACHT SENDESCHLUSS!

Natürlich war ein wenig Wehmut dabei. Und auch die Quoten der großen Abschiedsgala »Servus, Fernsehen – Wir schalten ab!« waren gigantisch. Ein 79-jähriger Thomas Gottschalk gab noch einmal alles, um das Medium, das ihn groß machte, im Jahr 2029, also nach exakt 100 Jahren Sendedauer, feierlich zu Grabe zu tragen. Einmal noch Showtreppe, einmal noch Gästecouch, einmal noch Fernsehballett, einmal noch ein paar Quizfragen, zum Schluss der Aufmarsch der Altstars (denn neue Stars hatte es lange nicht mehr gegeben) und ein Bundeskanzler, der symbolisch den roten Knopf drückte, um den öffentlich-rechtlichen Programmen, wie man sie jahrzehntelang kannte, den Saft abzudrehen.

Die Einschaltquoten waren in den letzten Jahren katastrophenartig eingebrochen. Das erste Genre, das starb, waren die Shows. Deren Macher konnten entwickeln, was sie wollten, am Ende waren selbst die Erfolge des jeweiligen Vorjahres schlicht nicht mehr zu erreichen. Am Ende schafften es nur noch die großen Sportveranstaltungen, für Quoten zu sorgen, die eine Gebühr in der Höhe hätten rechtfertigen können. Die Kämpfe um das teuerste zwangsfinanzierte Rundfunksystem der Welt eskalierten.

Der Aufschrei im fernsehsüchtigen Teil der Bevölkerung war nicht einmal groß, als die Politik aufgrund des millionenfachen Drucks und einer nicht abreißenden Klagewelle von Gebührenverweigerern den Abschied vom Flimmerkistenzeitalter beschloss. Inzwischen haben sich auch die letzten Nostalgiker an die neue Art des Bewegtbildkonsums gewöhnt. Alles passiert jetzt im Netz. Alles funktioniert ohne durchgetaktetes Programm. Alles speist sich aus Mediatheken und Videoportalen, deren Inhalte jederzeit abrufbar sind. Niemand sitzt mehr synchron vorm »Tatort«. Die einzig Überlebenden des klassischen Fernsehens sind die Nachrichtenmacher. Unterhaltung gibt es überall, aber gut recherchierte Nachrichten, Hintergrundberichte und Investigativstücke kann nur ein unabhängiger und gut ausgestatteter Rundfunk leisten. Heißt: Die berühmte Grundversorgung beschränkt sich nur noch auf die News-Formate, und die bekommt der Gebührenzahler rund um die Uhr.

Gebührenzahler? Ja, die Rundfunkgebühr gibt es weiterhin. Aber sie beträgt nur noch sechs Euro, ein Drittel von dem, was in Spitzenzeiten aufgerufen worden war. Dafür mussten die großen Anstalten Federn lassen. Schon 2014 waren sich selbst die Besitzstandswahrer hinter vorgehaltener Hand einig, dass etwa ein Sender wie Radio Bremen keine vier Radiowellen benötigt und auch ein NDR keine zwei Orchester braucht. Und warum vermeintlichen Starmoderatoren noch sechsstellige Honorare zahlen, wenn nur noch drei Millionen pro Auftritt zugucken. Jetzt wurde ernst gemacht. Der größte Knall kam jedoch aus Mainz. Denn das ZDF wurde komplett abgeschafft. Es fusionierte mit dem SWR zu einer von nur noch fünf ARD-Anstalten. Steffen Seibert wurde als letzter Intendant in die Rente geschickt.

Durch die neue Art, sich zu informieren und sich unterhalten zu lassen, hat eine gesellschaftlich besonders interessante Entwicklung ihren Lauf genommen. Hatten sich früher Millionen vom gleichmäßigen Strom des Fernsehens sedieren lassen, ist man jetzt gezwungen, selber aktiv zu werden und sich seine Inhalte gezielt herauszufiltern. Bisherige TV-Junkies werden sich ihrer plötzlich wieder bewusst, ein neuer medialer Pioniergeist bricht sich Bahn. Die Menschen erkennen, dass es in den Weiten des Netzes ungleich mehr zu entdecken gibt als das, was das quotenhörig konfektionierte Fernsehen jahrzehntelang in die Wohnzimmer gesendet hatte. Hinzu kommt, dass mit dem Ende des klassischen Gebührenfunks die direkten wie subtilen Zugriffsmöglichkeiten der Regierenden auf den Bürger limitiert wurden. Der ist jetzt sein eigener Herr und nicht mehr bloß Empfänger von ins politische Bild passenden Botschaften. Die Politik musste sich andere Formen des Wählerfangs ausdenken und schlug einen Retro-Trend ein: Marktplatz statt Talkshow.

Und noch etwas ist neu. Die Einschlafquoten (!) sind um ein Vielfaches zurückgegangen. Wurden in der Vergangenheit die Einschaltquoten kontinuierlich verfälscht, weil auch die Zeit vor dem Bildschirm gemessen wurde, die der Zuschauer sabbernd im Sofa hing, wird jetzt das Programm (oder was davon übrig geblieben ist) weitaus wacher konsumiert. Denn niemand kann mehr in Ermangelung von Pharmazeutika von der Möglichkeit Gebrauch machen, einfach einen Sender von der »Tagesschau« bis ins Nachtprogramm durchlaufen zu lassen, um sich in den Tiefschlaf moderieren zu lassen. Sich seine Häppchen aber aus dem Netz ziehen zu müssen, verlangt Aufmerksamkeit.

Und so gehört die Couchpotato genauso der Vergangenheit an wie die einst so verehrte Riege an Star-Moderatoren. Man vermisst sie nicht. Nur bei den früheren Schwerstsehern kommt es noch manchmal vor, dass sie in einem unbeobachteten Moment in die Wohnzimmerecke stieren, in der so viele Jahre der Fernseher gestanden hat.

STELL DIR VOR, ...

... MEDITATION IST DAS NEUE JOGGEN!

Wer früher am Wochenende um die Hamburger Außenalster herumspazieren wollte, musste vorsichtig sein. Waren doch immer auch Hunderte Jogger unterwegs, denen man geschickt ausweichen musste. Heute bietet sich ein ganz anderes Bild: weniger Läufer, dafür Meditierende, wohin man blickt. Sitzend, stehend, gehend, auf den Wiesen Menschen, die Yoga praktizieren, Tai Chi oder Qigong.

In ganz Deutschland sind ähnliche Szenen zu beobachten. In ihrer Freizeit und in ihren Mittagspausen erschließen sich die Menschen plötzlich die Welt des Geistigen. Sie meditieren im Büro, machen Yoga in der Schule, Fitnessstudios haben ihre Portfolios radikal umgestellt, um die neuen Bedürfnisse zu befriedigen.

Die Konsequenzen sind wegweisend: Die Anzahl psychischer Erkrankungen, 2014 auf Rekordhoch, ist immer noch im Sinkflug. Auch die Zahl der Selbstmorde verringert sich, genauso wie die Zahl der Herzinfarkte und Stoffwechselkrankheiten. Dementsprechend verschreiben die Ärzte immer weniger Medikamente und stellen weniger Krankschreibungen aus. Die Gesundheit in der Bevölkerung hat sich erheblich verbessert. Der Stress, den die Angestellten täglich in ihren Firmen erleben, wird mit einfachen Meditationsübungen abgebaut und beherrscht. Die Betriebe selbst profitieren sogar davon – indem sie in sich ruhende, achtsam arbeitende und damit leistungsstärkere Mitarbeiter haben. Geändert hat sich aber etwas noch viel Gewaltigeres …

Obwohl anderen Kulturen die Vorzüge der Meditation seit Jahrtausenden bekannt sind, wird die spirituelle Technik von der westlichen Wissenschaft erst seit 2000 so richtig wahrgenommen, ernstgenommen und analysiert. Fast monatlich wird weltweit in neuen Studien nachgewiesen, wie Meditation unser Gehirn verändert – und uns zu glücklicheren und gesünderen Menschen machen kann. In der Berliner Charité gibt es seit 2013 sogar eine Abteilung für Meditationsforschung. Dort weiß man inzwischen, was in unserem Gehirn passiert, sobald wir in meditative Versenkung gehen. Die Region, die fürs Regulieren von Gefühlen zuständig ist, wird stärker durchblutet, auch der Bereich, der die Angst verwaltet, wird besser kontrolliert. Dazu stärkt die Meditation die Hirnareale, die für Aufmerksamkeit, Konzentration und Erinnerung zuständig sind. Das Immunsystem arbeitet routinierter, der Blutdruck sinkt, die Enzymaktivität steigt.

Eine Studie an der Universität von Illinois fand 2013 heraus, dass 20 Minuten meditativen Yogas ausreichen, um die Gehirnfunktion erheblich zu verbessern. Eine Testgruppe machte erst Yoga, dann simple Gymnastik. »Nach dem Yoga konnten sich die Probanden geistig besser fokussieren sowie Informationen schneller und genauer verarbeiten und behalten als nach der Aerobic-Einheit«, sagt Professor Neha Gothe.[1] Die meditative Konzentration auf das Atmen, den Körper und die Positionen bewirkten, dass der Geist zur Ruhe kommt und störende Gedanken keine Chance hatten.

Eine Versuchsreihe eines Instituts im japanischen Chiba ergab 2014, dass die Anwesenheit eines Meditierenden sogar Auswirkungen auf andere biologische Systeme hat, ohne dass diese vom Meditierenden berührt werden.

Warum schaffen es gerade Meditation und spirituelle Übungstechniken wie Yoga, uns so zu berühren? Unser Alltag steckt voller Automatismen. Wir atmen unbewusst. Wir bewegen uns – abgesehen von sportlichen Betätigungen – meist unbewusst. Wir tun Dinge wie im Schlaf, obwohl wir wach sind. Wir nehmen Tausende von Reizen im Außen wahr, machen uns ständig Gedanken, sind immer in Unruhe. Ins Innere blicken wir immer seltener, zur Ruhe kommen wir so gut wie nie, unseren Körper spüren wir erst dann, wenn er mal weh tut. Meditation, Yoga oder Tai Chi bringen unser

Gehirn aus dem mehr oder weniger passiven Leerlauf-Modus und
führen uns in die Bewusstheit zurück, in die Achtsamkeit für uns
selbst, lassen uns durch einfache Rituale, die unserem Alltagsverhal-
ten völlig entgegengesetzt sind, uns selbst wieder wahrnehmen. Die
psychischen Disbalancen, die wiederum für unsere körperlichen
Disbalancen verantwortlich sind, können aufgelöst werden. Der
Weg ist frei, um zurück in die Harmonie zu gelangen. Konkret tun
wir das, indem wir unseren Geist schulen, sich zu beruhigen, zu stabilisieren und klar zu werden. Wir lassen den Gedankenstrom versiegen und sind einfach nur da, ohne jede Sorge, ohne jede Absicht.
Diese Situation, heißt es, schafft nicht nur Abgeklärtheit, sondern
auch Weisheit. Das wiederum führt zu einer mutigen und kreativen Grundhaltung. Der Hirnforscher Wolf Singer und der Buddhist
Matthieu Ricard sehen die Meditation eng mit dem daraus hervor-
gehenden Handeln verbunden. Es ginge darum, »sich selbst zu verändern, um die Welt zu verändern.«[2]

Und das ist die eigentliche Konsequenz des Meditierens: vom
Kleinen ins Große gekommen zu sein, mit dem individuellen Glück
auch die Gesellschaft zu einer glücklicheren gemacht zu haben. Der
sogenannte Maharishi-Effekt, den der indische Maharishi Mahesh
Yogi mittels Transzendentaler Meditation (TM) erzeugen und zu
seinen Lebzeiten wissenschaftlich nachweisen wollte, hat endlich
gegriffen: Durch das kollektive Meditieren tausender, zehntausender Menschen verringert sich wie von Zauberhand die weltweite
Gewalt. Auf dem Weg zum großen Traum vom Weltfrieden scheint
die Meditation eine große Rolle zu spielen. Den unzähligen Studi-
en, die seit Mitte der Siebzigerjahre von der offiziellen Schulwissen-
schaft angezweifelt und ignoriert wurden, musste im Nachhinein
recht gegeben werden. Tun sich nur genügend Einzelpersonen zusammen, um gemeinsam zu meditieren (Vertreter der TM sprechen
von der Quadratwurzel eines Prozents der Weltbevölkerung, also
rund 7000 Menschen, die mindestens notwendig sind), hat das einen Effekt auf das global vernetzte Bewusstsein (siehe auch Utopie
32) und damit auf den Fortgang gesellschaftspolitischer Entwick-
lungen.

27.

Der richtungsweisende Erfolg hat zu dem Entschluss vieler Staaten geführt, schon ab dem Kindergartenalter flächendeckend Bewusstseinsschulungen, Meditationspraxis und Yoga in die Lehr- und Erziehungspläne zu integrieren. Das Pauken von Formeln, Vokabeln und Hauptstädten im Klassenraum, das Kräftemessen im Sportunterricht und die Perfektionierung handwerklichen Geschicks wird endlich ergänzt durch Fächer und AGs, die die geistigen Dimensionen des Lebens im Blick haben. Vor einigen Jahren noch unvorstellbare Kooperationen mit den Bildungsinstituten des Maharishis sowie den sogenannten Unbesiegbarkeits-Universitäten des Filmemachers und TM-Botschafters David Lynch gehören heute zur Normalität. Die Mainstreambildung, die jahrhundertelang lediglich fragmentiertes Wissen lieferte, hat seinen Frieden gemacht mit der bewusstseinsbasierten Bildung.

2013 noch schrieb der Internetdienst »Medical Daily«, dass in der nächsten Dekade fast ein Drittel der amerikanischen Schüler durchfallen würde und die Gefahr bestünde, dass ein großer Teil davon im Gefängnis anstatt an einer Universität landete.[3] Als Reaktion darauf empfahl eine von der David Lynch Foundation finanzierte Studie der University of Connecticut die Transzendentale Meditation als möglichen Schlüssel zur Prävention. Denn es hatte sich gezeigt, dass das Praktizieren von TM die Schulabschlüsse verbessert und die Durchfallquote verringert.

STELL DIR VOR, ...

... WIR BEGEGNEN DER MACHT DER MASCHINEN MIT EINEM JOBWUNDER!

Manchmal reicht ein einziger Visionär aus, um gewaltigen Wandel anzustoßen. Als der US-Ökonom Jeremy Rifkin 1995 sein Buch »Das Ende der Arbeit« vorlegte, erntete er von den Globalisierungskritikern Applaus, von den damals noch gut gelaunten Vertretern des Turbokapitalismus wurde er ausgelacht. Heute ist seine Vision wahr geworden: Die weltweite Massenarbeitslosigkeit ist besiegt! Das Jobwunder ist wahr geworden!

Jahrelang erzählte man uns nicht die Wahrheit über den Grund wachsender Arbeitslosigkeit. Dass die Billigarbeitsplätze in Asien daran Schuld wären und die Unternehmen Stellen ins Ausland verlagerten, hieß es. Dass unsere Arbeitskräfte nicht gut genug ausgebildet wären, hieß es. Dass die Sozialabgaben zu hoch seien, hieß es. Aber dass Maschinen und Computer die Arbeit ersetzt haben und in erbarmungsloser Weise weiter ersetzen werden, das wollte kein Politiker westlicher Ingenieurs- und Industrienation als Kernursache der Massenarbeitslosigkeit beim Namen nennen. »Wir sind mitten in einer Umwälzung, die die industrielle Revolution noch übertrifft. Die Computer- und Informationstechnik von heute machen immer mehr Menschen ganz überflüssig«, warnte Jeremy Rifkin. »Selbst die billigste menschliche Arbeitskraft ist teurer als die Maschine. Bis 2020 werden nur noch zwei Prozent der arbeitenden Bevölkerung in Fabriken gebraucht. Die Zeit der Massenarbeit ist vorbei. Wir werden nie wieder Tausende von Leuten sehen, die aus den Fabriktoren strömen. In Zukunft wird Arbeit etwas für die Eliten sein. Man wird noch die Top-Ärzte, Top-Anwälte oder Top-

Designer brauchen. Aber Durchschnittsqualität kann ein Computer oder ein Roboter billiger liefern.«[1]

Die Arbeitsplätze werden weniger, die Produktivität steigt trotzdem. Prof. Paul Saffo, Technologieberater im Silicon Valley, zieht einen Vergleich mit den Achtzigerjahren, als im Geschäftsleben noch Mensch mit Mensch kommunizierte. Heute, sagt er, redeten Maschinen mit Maschinen. Der Mensch werde nicht mehr gebraucht.[2] Das ist die fundamentalste Entwicklung auf den globalen Arbeitsmärkten, die unter allen anderen Prozessen liegt.

Rifkin plädierte damals dafür, dass wir nicht Sturm laufen sollen gegen die Übermacht der Roboter, sondern ihnen doch bitte die Arbeit überlassen mögen. Viel eher sollten wir – und genau das wurde getan, nachdem die Weltarbeitslosigkeit neue Rekordmarken erreichte – unsere Blicke auf den Nonprofit-Sektor lenken und nicht mit Leiharbeit und Niedriglohnjobs die Arbeitsmarktzahlen schönen. In der Tat barg der Nonprofit-Sektor ein riesiges Potenzial an Stellen im öffentlichen Dienst, in der Sozialarbeit, im Engagement für die Umwelt, in der Kunst, der Wissenschaft oder im Sport.

Nach Rifkins Vorschlägen wurde der neue Stellenmarkt anfangs vor allem durch Steuerumschichtungen stimuliert. Der gigantische Wehr-Etat wurde von den Nationen, die in der Vergangenheit teure Kriege geführt hatten, dafür genutzt. Andere Regierungschefs folgten dem Expertenrat und gingen dazu über, nicht mehr die Arbeit zu besteuern, sondern die natürlichen Ressourcen, die die Unternehmen verbrauchen. Alle industrialisierten Länder entschlossen sich gleichermaßen dazu, die Einkommensteuer abzuschaffen und dafür eine Maschinensteuer zu erheben – wenn es denn schon die Maschinen gewesen sind, die die Menschen abgelöst haben.

STELL DIR VOR, ...

... WIR GEWINNEN ENERGIE AUS DEM ÄTHER!

Wer von der Autobahn abfährt, hat eines ganz sicher nicht mehr vor: zu tanken. Weil es schlicht keine Tankstellen mehr gibt, sondern nur noch Raststätten. Die neuen Autos, die neuen Kraftwerke, die neuen Heizungen, sämtliche Elektrogeräte, sie funktionieren, ohne dass vorher etwas verbrannt worden wäre. Sie müssen nicht mal mehr aufgeladen werden. Der Strom, der die neue Technik antreibt, stammt aus dem Äther – und kann daher jederzeit und überall gewonnen werden, ohne auch nur den geringsten Dreck zu erzeugen. Die Innovation, die die Kraft aus dem Äther nutzbar macht, gilt als größte Entdeckung, seit der Mensch lernte, Feuer zu machen.

Aber was ist der Äther? Seit Aristoteles machen sich Physiker wie Philosophen Gedanken über die Frage, was im leeren Raum um uns herum beziehungsweise im Vakuum des Weltalls eigentlich geschieht. *Dass* darin etwas geschieht, scheint klar. Aber wie genau Informationen und Energien durch das Äther genannte Medium (nach dem griechischen Wort für Himmel) fließen, darüber wird bis heute diskutiert. Ende des 19. Jahrhunderts stimulierte der Physiker Heinrich Hertz die Debatte mit dem Satz: »Nehmt aus der Welt die Elektrizität, und das Licht verschwindet; nehmt aus der Welt den lichttragenden Äther, und die elektrischen und magnetischen Kräfte können nicht mehr den Raum überschreiten.«[1] Man kann im leeren Raum also irgendetwas vermuten.

Heute weiß man, dass es Neutrinos sind, elektrisch neutrale Elementarteilchen, die sich über den Äther bewegen. Ihre Existenz ist bewiesen, Nobelpreise wurden dafür verteilt. Anhänger der Freien-

Energie-Forschung wie Prof. Dr. Konstantin Meyl gehen davon aus, dass man die Neutrinos aus dem Äther als Stromerzeuger verwenden kann. Ein Vorgang, bei dem man in der Tat von Energiegewinnung sprechen könnte. Denn während Energie aus Kohle nicht *gewonnen* wird, sondern nur aus Umwandlungsprozessen entsteht und aufgebraucht wird, käme im Falle der Raumenergie die Kraft »aus dem Nichts« und wäre unendlich.

Seit den Aufsehen erregenden Erfindungen des kroatisch-amerikanischen Physik-Genies Nikola Tesla vor über 100 Jahren basteln Profis und Amateure an Maschinen, um jene frei und kostenlos im Äther verfügbare Energie nutzen zu können. Hunderte von Tüfteleien und angemeldeter Patente hat es auf dem Gebiet gegeben, überall auf der Welt wurde an der revolutionären Technik geforscht. »Noch bevor viele Generationen vergehen, werden unsere Maschinen von einer Kraft angetrieben, die überall in unserem Universum verfügbar ist. Es ist nur eine Frage der Zeit, wann es dem Menschen gelingen wird, sich an das Räderwerk der Natur anzuschließen«, sagte Nikola Tesla am 20. Mai 1891 bei einem Vortrag in New York.[2] Der Tesla-Generator, den er Anfang des 20. Jahrhunderts auf Grundlage der freien Energie entwickelt haben soll (er hat nichts zu tun mit den gewöhnlichen Elektromotoren in den Wagen der heutigen US-Automarke Tesla), lief angeblich ganz ohne Brennstoffe und benötigte keine Leitungen. Doch Tesla hatte kurz vorher auch den gepulsten Wechselstrom populär gemacht, und der hatte damals gerade seinen Siegeszug begonnen. Dabei war der Wechselstrom für ihn immer nur eine Zwischenstation in der Evolution der Elektrizität. Sein Herz schlug für die freie Energie. »Ich hoffe, so lange zu leben, bis ich fähig sein werde, eine Maschine mitten in den Raum zu stellen und sie durch keine weitere Wirkkraft in Bewegung zu setzen als durch das bewegende Medium um uns herum«, sagte er 1894.[3]

Erst mit 75 Jahren holte er seine Pläne zur Raumenergie wieder aus den Schubladen und soll einen PKW der Nobelmarke Pierce Arrow umgebaut haben, indem er den Benzinmotor gegen einen Tesla-Motor austauschte. Der Hamburger Heinrich Jebens, damals Direktor des Deutschen Erfinderhauses, fuhr angeblich am 9.

Dezember 1930 gemeinsam mit Tesla in jenem ersten und später verschwundenen Raumenergie-Auto von Buffalo zu den Niagara-Fällen und wieder zurück. Eine Strecke von über 50 Kilometern, auf der Geschwindigkeiten von bis zu 90 Meilen in der Stunde (145 km/h) erreicht worden sein sollen. In einer über 70 Jahre geheim gehaltenen Aktennotiz schrieb Jebens damals, dass ihm Tesla anvertraut habe, die Grundidee für den Freie-Energie-Motor würde auf einem seiner früheren Patente beruhen. Die als richtig erkannten elektromagnetischen Schwingungen der Ätherenergie würden in elektrische Spannung umgeformt. Klaus Jebens veröffentlichte 2006 die Aufzeichnungen und Erinnerungen seines Vaters Heinrich in dem Buch »Urkraft aus dem Universum«. Laut dieser Notizen soll Tesla in jenem Winter 1930 gesagt haben, dass es gar nicht so schwierig wäre, diese überall existierende Kraft anzuzapfen. Man müsse nur den richtigen Weg wählen.[4] Hatte Tesla ihn möglicherweise gefunden?

Warum kann man sich nicht längst eine dieser raumenergetischen Maschinen kaufen und autonom Strom gewinnen, wo es doch scheinbar seit über 75 Jahren so vielversprechende Experimente gibt? Warum trägt diese Technik nicht längst zur Lösung des Energieproblems der Menschheit bei?

Glaubt man den Forschern, die sich seit Jahrzehnten mit der freien Energie beschäftigen, wäre die Technik längst marktreif – doch angeblich werde sie unterdrückt. Einer dieser Entwickler will Ende der Neunzigerjahre mit einem der weltweit mächtigsten Strombosse gesprochen haben. Für den war das Thema Raumenergie keine Überraschung. Er soll vieldeutig gesagt haben: »Diese Energie heben wir uns auf für die Zeit danach.«[5]

»Der Übergang in das Raumenergiezeitalter bietet die große Chance, die Weltwirtschaftskrise rasch zu überwinden. Raumenergie ist die wahrscheinlich größte technische Revolution in der neueren Geschichte, denn sie macht eine nachhaltige Energiegewinnung weltweit möglich«, sagt der emeritierte Ökonometrie-Professor Josef Gruber. »Sie würde einen neuen Kondratieff-Zyklus aufbauen, der weit mehr ist als ein Konjunkturaufschwung.«[6] Die vom russischen Wirtschaftswissenschaftler Nikolai Kondratieff aufgestellte Theorie zum Konjunkturverlauf von Märkten geht von aufeinander folgenden 50-Jahres-Zyklen aus, die jeweils von durch Innovationen bedingten Wachstumsschüben geprägt sind und zu grundlegenden Paradigmenwechseln und gesellschaftlichen Veränderungen führen.

Aber wie sollen die vielen gegeneinander wirkenden Kräfte vereint werden, um einen neuen Wirtschaftszyklus auszulösen? Der US-Forscher Dr. Thomas E. Bearden schlägt vor, ein zweites Manhattan-Projekt zu initiieren – allerdings mit einem viel positiveren Hintergrund, als ihn die erste Variante hatte. Zwischen 1942 und 1945 diente das Manhattan-Projekt in den USA dazu, in einer konzertierten Aktion von 130 000 Wissenschaftlern rechtzeitig die Atombombe zu entwickeln, um den Deutschen zuvorzukommen. Es zeigte, zu was Menschen, die zusammenarbeiten, innerhalb kürzester Zeit in der Lage sind. So fordert nicht nur Bearden eine ähnliche Initiative zugunsten der Raumenergietechnik. »Das Geheimnis des Erfolgs ist Zusammenarbeit«, sagt auch Josef Gruber. »Wenn die produktiven Kräfte gebündelt würden, kann die Einführung der Raumenergietechnik bald beginnen.«[7]

Stellen wir uns ein Zeitalter der freien Energie vor: Die Veränderungen wären epochal. Die menschengemachte Klimaerwärmung kann sofort gestoppt werden. Machtmonopole brechen, Energiekartelle werden gesprengt. Die Preistreiberei bei Strom, Gas, Öl und Benzin hat ein Ende. Brennstoffe fallen nun auch als Kriegsgrund weg. Schaut man sich einige der Raumenergie-Patente an, sorgen die neuartigen Stromgeneratoren für eine völlige Dezentralisierung des Energiemarktes. Die Apparate sind zum Teil so kompakt und durch die Ubiquität der Ressource überall einsetzbar, dass sie wie eine Heizungsanlage in den Keller eines Einfamilienhauses passen.

Statistiker Gruber hat berechnet, dass nach Amortisation der Anfangsinvestition ein Haushalt im Vergleich zum Ölzeitalter jährlich mindestens 3500 Euro sparen könnte – und zusätzlich eine einwandfreie Kohlendioxidbilanz hätte.

Auch eine Mineralölsteuer hat in Zeiten nutzbarer Raumenergie keine Grundlage mehr. Wissenschaftler wie Gruber schlagen jedoch vor, sie in eine Kilometerabgabe umzuwandeln. Denn die Nutzung unerschöpflicher Energie aus dem Äther hat einen Anstieg der Mobilität zur Folge, die reglementiert werden muss.

Nikola Tesla ahnte aus eigener leidvoller Erfahrung bereits in den Vierzigerjahren, dass die Raumenergie-Technik noch einen langen Weg vor sich haben würde. Kurz vor seinem Tod 1943 soll er gesagt haben: »Vielleicht ist es besser in unserer gegenwärtigen Welt, dass eine revolutionäre Idee oder Erfindung statt gefördert und gepflegt zu werden, in ihrem Heranwachsen behindert und misshandelt wird durch Mangel an Mitteln, selbstsüchtige Interessen, Pedanterie, Dummheit und Ignoranz; dass sie attackiert und unterdrückt wird, dass sie bittere Prüfungen und Nöte im Kampf um die kommerzielle Existenz durchlaufen muss. So wurde alles Große der Vergangenheit verlacht, verdammt, bekämpft und unterdrückt – bloß, damit es um so kraftvoller, um so siegreicher aus diesem Kampf hervorgehen kann.«[8]

Der großen Tesla-Fangemeinde dürfte eine kleine Meldung Hoffnung geben, die Ende 2013 um die Welt ging. Die brasilianischen Erfinder Cleriston Leal und Nilson Barbosa behaupteten, endlich eine Raumenergiemaschine zur Marktreife gebracht zu haben und sie schon 2014 zum Verkauf anbieten zu wollen. Der Prototyp soll 5000 Euro kosten und in der Lage sein, ein Einfamilienhaus mit Strom zu versorgen. Ihr Gerät, so Leal und Barbosa, würde elektromagnetisch Energiepartikel in Bewegung bringen. Für das Einfangen der Elektronen würde nur eine kleine Initialkraft aus dem lokalen Stromnetz benötigt. »Diese geringe Menge an Elektrizität wird in eine große Menge elektromotorische Energie umgewandelt.«[9] Der Anfang einer Wendezeit?

STELL DIR VOR, ...

... DEUTSCHLAND STELLT SEINE RÜSTUNGSEXPORTE EIN!

Derartige Demonstrationen hatte es in Deutschland noch nie gegeben. Seit Tagen stehen in mehreren Städten Tausende Friedensaktivisten Zehntausenden Angestellten von Rüstungsunternehmen gegenüber. Die einen verleihen ihrer Freude über die bevorstehende Einstellung deutscher Waffenexporte Ausdruck. Die anderen kämpfen schlicht um ihren Arbeitsplatz. Parallel dazu lässt der Bundesverband der deutschen Sicherheits- und Verteidigungsindustrie seine Lobbyisten Sturm laufen. Zwecklos. Die Entscheidung steht. Nachdem innerhalb kürzester Zeit bei insgesamt sieben Militäreinsätzen in labilen Krisenstaaten Hunderte Menschen durch in Deutschland hergestellte Panzer, U-Boote und Gewehre starben, sah sich die Bundesregierung gezwungen, einen radikalen Beschluss zu fassen: Bis auf Weiteres wird der Bundessicherheitsrat keine deutschen Waffenexporte mehr ins Ausland genehmigen. Bestehende Aufträge können wie vereinbart abgewickelt werden, danach ist vorerst Schluss.

Mehr als 80 000 Angestellte aus rund 150 Rüstungsunternehmen sehen nun ihre persönliche Zukunft bedroht, unterstützt durch etwa 200 000 Menschen, deren Arbeitsplatz mit der Rüstungsindustrie zusammenhängt.

Die Eskalation war logische Konsequenz einer gelockerten deutschen Politik für Rüstungsexporte. Die hatte unmittelbar zu Beginn des dritten Jahrtausends begonnen, als mehrere Faktoren der deutschen Waffenindustrie in die Karten spielten. Zum einen fühlten sich durch die Anschläge vom 11. September 2001 immer mehr Staaten vom internationalen Terrorismus bedroht, zum anderen führten die deutsche und die europäische Finanzkrise dazu, dass der Export von Rüstungsgütern an sogenannte Drittstaaten immer wichtiger wurde, denn im Inland musste ja – unter anderem beim Wehretat – gespart werden. Diese Umstände bescherten Deutschland hinter den USA und Russland den dritten Platz in der Rangliste für Waffenexporte. Im Jahr 2012 wurden laut Rüstungsexportbericht der Gemeinsamen Konferenz Kirche und Entwicklung (GKKE) 16 380 Einzelausfuhrgenehmigungen durch die Bundesregierung im Wert von 4,7 Milliarden Euro erteilt.[1] Nur 118 Anträge wurden abgelehnt. Zu den wichtigsten Abnehmern gehörten Saudi-Arabien, Algerien, Südkorea, Griechenland und Spanien. Besonders beängstigend war der starke Anstieg des Exports von Kleinwaffen etwa an Indien.

»Folgt man den Kriterien, die sich die Bundesregierung selbst in ihren politischen Grundsätzen für die Ausfuhr von Rüstungsgütern und Kriegswaffen gegeben hat, verbieten sich die Exporte an diese Staaten«, mahnte 2013 die GKKE in ihrem Bericht und meinte damit Länder, in denen die Menschenrechte keine allzu große Bedeutung haben.[2] Lange waren Ausfuhren in Konfliktregionen ein Tabu. Nun erkannte die GKKE eine neue Logik im Handeln der Bundesregierung: Ertüchtigung statt Einmischung. Oder anders: Strategische Überlegungen, manche Staaten durch Waffenkäufe in ihren Regionen zu Sicherheitsankern werden zu lassen, ließen die Menschenrechte als »weiche Ziele« in den Hintergrund treten. »Es bestehen ernsthafte Zweifel, dass es bei einem ›Gleichgewicht des Schreckens‹ durch gegenseitige Aufrüstung wirklich zu einem Stabilitätsgewinn kommt«, so die Autoren des damaligen Berichts.[3]

Die Mahner hatten recht. Die Labilität der Abnehmerstaaten führte dazu, dass die Waffen nicht bloß abschreckten, sondern auch zum Einsatz kamen. In Nordafrika, im Nahen Osten, in Südostasien, in Brasilien, in Mexiko.

In ihrer bahnbrechenden Erklärung gab die Bundesregierung unumwunden zu, dass es notgedrungen zu einem Arbeitsplatzabbau in der Rüstungsindustrie kommen würde. Genauso überraschend wie der Stopp der Rüstungsexporte allerdings ist der Plan, für die bedrohten Ingenieure, Mechaniker und Elektroniker ein milliardenschweres Umschulungsprogramm zu finanzieren, um deren Weg in die Umweltindustrie zu ebnen. Ziel: Statt Panzern, Haubitzen, Sturmgewehren und massenhaft Munition, sollen bald Windparks, Solarkraftwerke, Brunnen und Entsalzungsanlagen in die Welt verschickt werden. Für diese Idee lässt sich die Bundeskanzlerin allzu gerne aus dem Ausland einen weiteren Vogel zeigen.

Aber der Schritt der »German do-gooders« ist nur einer der Beweggründe, warum auch in vielen anderen Ländern die Exportquoten für Rüstungsgüter nach unten rasen. »Kaum etwas ist so teuer wie ein Krieg«, weiß der Historiker Gérard Bökenkamp. Zwar hat der Krieg immer Saison. Weil aber eben genau stimmt, dass nichts so teuer ist wie ein Krieg und immer weniger Bürger ihren Ländern in finanziellen Krisenzeiten gestatten, Milliardensummen in Aufrüstung und Vernichtung zu stecken, sinken auch die Ausgaben für Panzer & Co. »Die Politik globaler militärischer Präsenz ist eine Politik, die langfristig nicht finanzierbar ist, weil die Steuerzahler sie nicht finanzieren wollen«, erklärt Gérard Bökenkamp den Mechanismus anhand der USA, denen der letzte Irak-Krieg 2,2 Billionen Euro (oder den mehr als siebenfachen Haushalt der BRD) gekostet hat. »Und da die US-Amerikaner und besonders die republikanischen Wähler nicht bereit sind, Steuererhöhungen hinzunehmen, was notwendig wäre, um den enormen Aufwand weltweiter Präsenz weiter zu finanzieren, kommt die USA früher oder später nicht darum herum, ihre Militärausgaben zurückzufahren, Personalstärken zu reduzieren, Standorte zu schließen, Marschbefehle nach Hause zu erteilen, Rüstungsaufträge zu stornieren und auslaufen zu lassen und Personal für den privaten Sektor freizustellen. Eigentlich ist nicht mehr die Frage ob, sondern nur noch die Frage wann.«[4]

Einen durch das Einbrechen des globalen Rüstungsmarktes herbeigeführten Weltfrieden konnte Papst Franziskus bisher noch nicht ausrufen. Aber allein der deutsche Entschluss war in seiner Radikalität ein Symbol, was stärker nicht hätte sein können, um einen der ältesten Menschheitsträume in messbarer Form zum Ausdruck zu bringen: Der Traum vom Ende aller Gewalt.

STELL DIR VOR, ...

... HERZENSBILDUNG WIRD GELEHRT!

Acht Uhr morgens, Klasse sieben, erste Stunde, erste Frage: »Wenn dich jemand ständig disst – was tust du?« Eine lebhafte Diskussion entspinnt sich. Sie beginnt mit dem klassischen »Ich hau ihm eins auf die Fresse!« Zu dem frühen Zeitpunkt gibt es dafür noch Gelächter und Applaus. Am Ende der Stunde können sich die Schüler auf ein anderes Vorgehen einigen: »Irgendwie kann ich den anderen doch verstehen – und vielleicht kann ich ihm sogar helfen.« Ohne dass man als Weichei oder Schwuchtel beschimpft wird. Im zweiten Teil der Doppelstunde wird geskypt. Heute sitzt eine Schulklasse in Neu Delhi vor dem Rechner. Kinder von Eltern, die dem Westen die Billigklamotten zusammennähen. Wie ist deren Blick auf die Welt? Tragen wir etwa Verantwortung auch für sie? Ist der Ethik-Unterricht vorbei, bildet sich regelmäßig eine kleine Menschentraube um die neue Lehrerin. Scheint sie vielen Schülern als Anlaufstation für persönliche Probleme doch irgendwie vertrauenswürdiger und lebensweiser als die üblichen Luschen aus dem Lehrerzimmer.

Als 2008 die Finanzkrise über die Welt kam, wurde in deutschen Talkshows nach Ökonomie-Unterricht gerufen. Börsenexperten forderten, schon Schulkinder mit der Welt des Geldes vertraut zu machen, damit so etwas nicht noch einmal passiert und man als Sparer der Zukunft im Sicheren sitzt. Nachhilfe in Sachen Moral hatte niemand gefordert – obwohl es doch die Moral gewesen ist, die im Zuge der Finanzkrise zuerst unter die Räder kam. Also brauchte es weitere Krisen, die die menschlichen Abgründe sichtbar

31.

machten, bis man sich zu dem Entschluss durchrang, dass Ethik- und Moral-Unterricht in Zeiten der Dominanz des Mammons doch eigentlich eine ganz gute Idee sein könnte. Nicht mehr auf freiwilliger Basis, nicht mehr als ehrenamtliches Engagement, nicht mehr als Ersatz für den Religionsunterricht, sondern als fester Bestandteil des Curriculums mit drei bis vier Stunden pro Woche.

Selbst gestandene Atheisten haben inzwischen einsehen müssen, dass hier niemand indoktriniert wird, sondern Herz und Seele Nahrung bekommen. Auch die Notwendigkeit, mit den Kindern und Jugendlichen nicht nur über die Thesen alter Philosophen und die aktuellen Unwuchten der Gesellschaft zu diskutieren, sondern ihnen Raum zu geben, sich selbst zu öffnen und einzubringen, stößt auf breite Zustimmung. Es sprudelt nur so aus ihnen heraus, weil das Fach viel mehr mit dem echten Leben zu tun hat als die abstrakteren Fächer. Die Offenheit kommt aber nur durch die offene Konstruktion des Unterrichts zustande. Neben der Vermittlung verschiedener internationaler moralischer Verhaltenskodizes und ethischer Leitlinien aus dem historischen humanistischen und überreligiösen Grundkanon gibt es genug Platz für individuelle Geschichten und Inspirationen der Schüler. Fast logisch, dass so ein Fach nicht per Note bewertet wird. Die Beteiligung und die Äußerungen des Kindes fließen noch nicht mal in die Bewertung eines Halbjahres ein. Die Stunden werden verstanden als kostbares Rüstzeug fürs Leben.

Wie sich herausstellte, taugt das Fach nicht als nette Zweitbeschäftigung für jeden beliebigen Mathe- oder Lateinlehrer. Es setzt bei den Lehrkräften eine gewisse Seelenbildung voraus. Und das ist ein Problem. Vielen Studienräten ist eine Talkshow mit Günther Jauch aus dem Jahr 2013 über das deutsche Bildungssystem im Gedächtnis hängen geblieben. Neben dem Mainstream-Philosophen Richard David Precht und der Lehrerin Ursula Sarrazin saß dort auch Jens Großpietsch, Schulleiter der Heinrich-von-Stephan-Gemeinschaftsschule in Berlin-Moabit. Er verblüffte mit seiner Erfahrung, dass 50 Prozent der Lehrer ihren Beruf verfehlt hätten. Seine Begründung: »Vor dem Lehrer-Studium wird man nicht gefragt, warum wollen Sie Lehrer werden?« In der Schule würde dann oft die Ernüchterung kommen. Die Einschätzung bestätigt eine Untersuchung aus dem Jahr 2007. Die Befragung von 20 000 Lehrern ergab, dass die Hälfte der Lehramtsstudenten und Referendare für den Beruf ungeeignet ist. Laut Studie komme es ihnen nicht auf die Arbeit mit Kindern und Jugendlichen an, sondern um vermeintlich laxere Studienbedingungen und die spätere Vereinbarkeit von Beruf und Familie.[1]

Einer Übergangsphase mit Lehrern, die sich freiwillig für das neue Fach gemeldet hatten, ist eine Lehrergeneration gefolgt, die bereits an der Universität auf die Herausforderungen und Fragen des dritten Jahrtausends vorbereitet wurde. Sie wird ergänzt durch ältere, lebenserfahrene Kollegen, die noch immer die Leidenschaft in sich spüren und keine Probleme damit haben, sich in ein paar Seminaren weiterzubilden und sich moralisch etwas sagen zu lassen. Einige kombinieren die Menschenkunde, so wird das Fach von vielen genannt, mit einem klassischen Gebiet. Die meisten jedoch konzentrieren sich auf das unglaublich komplexe Wesen von Moral, Ethik und Spiritualität in Zeiten des Kommerzes. Die Lehrer, die sich für den neuen Weg entschlossen haben, sind anfangs oft die Außenseiter im Kollegium. Wie früher die Sportlehrer. Sobald sich jedoch herausstellt, dass sie bei den Schülern als absolute Lieblinge gelten, stehen sie heute auch im Lehrerzimmer in der gefühlten Hierarchie ganz weit oben.

STELL DIR VOR, ...

... WIR ERLEBEN EINEN EVOLUTIONSSPRUNG!

Kennen Sie das Prinzip des hundertsten Affen? Es fußt auf einer Legende, von der nicht ganz klar ist, ob sie wahr ist oder nicht. Sie geht so: In den Fünfzigerjahren des vergangenen Jahrhunderts beobachteten Wissenschaftler eine Gruppe von Makaken auf der japanischen Insel Koshima. Sie gaben ihnen Süßkartoffeln zu essen und bemerkten, dass erst einer, dann immer mehr Affen das Gemüse erst im Wasser vom Sand reinigten, bevor sie es aßen. Über die Jahre wurde dieses Ritual innerhalb der Gruppe von fast allen Mitgliedern übernommen. Ein spezieller Moment soll nun zu einer bahnbrechenden Entdeckung geführt haben: Als eine bestimmte Anzahl von Affen, die dazugelernt hatten, erreicht war – symbolisch nimmt man den Schritt vom 99. zum 100. Affen –, sprang die neue Fähigkeit quasi automatisch auf sämtliche Individuen der Population über – und zwar nicht nur auf dieser einen abgeschotteten Insel, sondern auch bei sämtlichen Populationen auf anderen Inseln und dem Festland …

Ob genau so geschehen oder nicht: Immer mehr Menschen, darunter auch Wissenschaftler, verbinden mit dieser Geschichte die Hoffnung, dass der gleiche Effekt auch auf dem gesamten Globus greift, bei uns Menschen, versteht sich. Konkret: Leben nur ausreichend viele Personen im Bewusstsein der Nächstenliebe, könnte dieses Bewusstsein auf die gesamte Menschheit überspringen. Der alte Traum vom Weltfrieden wäre auf einen Schlag erfüllt. Aber warum ist dieser Punkt des Evolutionssprungs menschlichen Bewusstseins ganz offensichtlich noch nicht gekommen, obwohl sich doch so viele den Frieden wünschen? Oder sind es immer noch zu wenige? Manche Forscher sprechen von einer kritischen Masse von fünf bis zehn Prozent einer Population, die erreicht sein muss, ehe sich das Kollektiv weiterentwickelt. Bezogen auf die Weltbevölkerung wären das aktuell rund 70 Millionen Menschen.

Ein solcher Evolutionssprung würde sich anfühlen, als sei man aus einem bösen Traum erwacht: Die Menschheit lebt plötzlich wie im Paradies auf Erden. Die spirituellen Vorstellungen vom Garten Eden, dem Nirwana oder den ewigen Jagdgründen haben sich manifestiert. Man muss nicht erst sterben, um in der Fülle sein zu können. Freiheit, Gerechtigkeit, Wahrheit, Friedfertigkeit, Gemeinsinn, Lust und gemäßigter Wohlstand sind auch schon zu Lebzeiten zu genießen (siehe auch Utopie 30). Ein auf Egoismus ausgerichtetes, menschenfeindliches Verhalten ist unter dem Einfluss des neuen Bewusstseins nicht mehr möglich.

Wissenschaftler wie der britische Biologe Dr. Rupert Sheldrake bieten Erklärungsmodelle dafür an, unter welchen Voraussetzungen ein Bewusstseinssprung überhaupt möglich werden kann. Sheldrake nimmt sogenannte morphogenetische Felder an, die sich um den Globus spannen und all diejenigen Individuen miteinander vernetzen, die von gleicher Art sind. »Zum ersten Mal war ich überzeugt, dass lebende Organismen durch Felder organisiert werden, als ich an der Universität Cambridge über die Entwicklung von Pflanzen forschte«, erklärt er und fragt: »Wie nehmen Blätter, Blüten und Früchte ihre charakteristischen Formen an?«[1] Durch die Gene? Zu wenig. Sie ermöglichen es den Zellen lediglich, die richtigen Proteine zur richtigen Zeit zu produzieren, wenn sich der Organismus entwickelt. Wie aber kommt die Form zustande? Woher stammen die Instinkte? Ein bisher ungelöstes Problem der Biologie. Die morphogenetischen Felder, von denen Sheldrake ausgeht, »enthalten unsichtbare Pläne oder Blaupausen für die verschiedenen Organe und für den Organismus als Ganzes«.[2] Der Biologe ist nicht der Meinung, dass sich diese Felder irgendwann durch die klassische Physik erklären lassen. »Ich glaube, es ist eine Art von Feldern, die die Physik noch nicht kennt.« Denn sie verfügten über ein »immanentes Gedächtnis«, in dem die Erfahrung ihrer Entwicklung abgespeichert ist. Diesen Entwicklungsprozess nennt Sheldrake »morphische Resonanz«. Diese Resonanz findet zwischen Aktivitätsmustern in selbstorganisierenden Systemen aufgrund ihrer Ähnlichkeit statt, unabhängig davon, wie weit sie auseinander liegen. »Durch morphische Resonanz greift jedes Individuum einer Art auf das kollektive Gedächtnis zurück und trägt zugleich dazu bei.«[3] So seien morphogenetische Felder in der Lage, soziale Gruppen zu ordnen und zu koordinieren. Die Voraussetzungen für den Evolutionssprung?

Der amerikanische Zellbiologe Bruce Lipton springt Sheldrake zur Seite und stellt die für ihn rhetorische Frage: »Werden wir angesichts der unausweichlichen Transformation unserer Welt fähig sein, das Trauma einer Revolution zu vermeiden und uns stattdessen für eine globale Heilung durch Evolution zu entscheiden?«[4] Lipton ist der Meinung, dass eine »spontane Evolution« durchaus möglich ist, hat sich doch das Leben auf dem Planeten Erde nie in gleichmäßiger Langsamkeit entwickelt – dann wären wir nie dort, wo wir heute sind. Es hat nachweislich Evolutionssprünge gegeben. Und zwar immer dann, wenn der sogenannte ökologische Druck im Umfeld der Lebewesen zugenommen hatte. Und das ist ohne Zweifel jetzt wieder der Fall …

STELL DIR VOR, ...

... WIR LEBEN DIE FREIE LIEBE!

Zuerst war es dem Freundeskreis von Andreas und Beate schwergefallen, deren neue Beziehungskonstellation zu verstehen. Polyamoröse Verhältnisse, was sollte das sein? Viellieberei? Alle mit allen? Jeder mit jedem? Das konnte doch keine wahre Liebe sein! Es brauchte einige Zeit, bis klar wurde, dass hinter der Ausweitung der Intimzone nicht der Wunsch nach grenzenlosem Geschlechtsverkehr stand, sondern die hehre Vision, dass man auch *mehrere* Menschen lieben kann – und zwar bedingungslos. Diesen Zustand haben Andreas und Beate in ihrer langjährigen Partnerschaft erreicht. Und je mehr gesellschaftlich über alternative Lebenskonzepte diskutiert wird, weil immer mehr Ehen zerbrechen oder im Wachkoma gehalten werden, umso häufiger werden die beiden neugierig von Freunden gefragt, wie das denn eigentlich praktisch gehe mit dieser bedingungslosen Liebe.

Der Begriff der bedingungslosen Liebe stammt aus alten spirituellen Welten und hat es erst in den letzten 40 Jahren im weltlichen Westen mit dem Konzept der Monogamie aufgenommen. Bedingungslose Liebe bezeichnet die höchste Form des Zusammenlebens: Liebe zu geben und zu empfangen, ohne daran auch nur irgendeine Auflage zu knüpfen. Der Hauptgrund, warum sie viele Menschen gleichermaßen fasziniert wie verstört: Bedingungslose Liebe ist so stark und grundlegend, dass das Ego keine Chance mehr gegen sie hat. Sie ist über alles erhaben. Sie kennt keine Eifersucht. Sie kennt keine Machtspiele und keinen Kontrollwahn. Und sie folgt nicht dem klassischen Verständnis von Treue. Weil man sich aus tiefstem

33.

Herzen liebt, lässt man dem Partner seine Freiheiten. Für immer mehr Menschen eine klar nachhaltigere Evolutionsstufe von Zweierbeziehung als der monogame Klassiker, der so viele unglücklich macht.

Der »Atlas of World Cultures« listet 560 Gesellschaften auf, von denen nur 17 als monogam eingestuft werden. Anfang des dritten Jahrtausends wird die Monogamie von Politik, Kirche und Medien aber immer noch als die ideale und einzig moralisch vertretbare Beziehungsform vermarktet. Dabei wurde die Ehe aus wirtschaftlichen und sozialen Sicherheiten heraus erfunden. Die Einhaltung der Erblinie sollte gewährleisten, dass nur das eigene Kind den Lohn harter männlicher Arbeit ernten würde. Den Rest erledigte die katholische Kirche mit der Moralkeule und dem Verweis auf einschlägige Bibelstellen. 1225 erhob sie die kirchliche Trauung zur Pflicht. Nichteheliche Lebensgemeinschaften waren damit verboten und wurden bestraft. In vorchristlicher Zeit war die Monogamie kaum verbreitet. Im Judentum war sie kein Zwang und ist im aktuellen Islam immer noch nicht die Regel.

Eine Gesellschaft aber, die ausschließlich einem monogamen Ideal Raum lässt, wird, so sagen es immer mehr Sexualwissenschaftler, immer unglücklicher, frustrierter, kraftloser. »In den meisten monogamen Lebenspartnerschaften lässt das sexuelle Interesse zwangsläufig mit der Zeit nach«, sagt die Therapeutin Cornelia Jönsson.[1] Polyamoröse Vereinbarungen könnten das verhindern. Jönsson ist verheiratet, lebt aber selbst polyamorös. Sie sieht den großen Unterschied zu einer offenen Partnerschaft, die Seitensprünge lediglich duldet, darin, dass man in der Polyamorie frei darin ist, allen Partnern die gleiche Liebe, Zeit und Aufmerksamkeit zu schenken. Es ist zu diskutieren: Tun wir unserer Gesellschaft einen Gefallen, indem wir diese Triebe und Sehnsüchte unterdrücken? »Untreue zerstört Vertrauen, zerbricht Hoffnungen, Herzen und Familien«, schreibt die Schweizer Journalistin und Buchautorin Michèle Binswanger in einem Manifest für eine Reform der Ehe.[2] »Die entscheidende Frage ist aber nicht, warum wir eigentlich nicht treu sein können. Sondern warum unser Beziehungsideal auf einem

Konstrukt gründet, das nicht selten als verlogen daherkommt. Es ist eine Lüge, dass wir uns immer treu sein werden. Denn sexuelle Treue im umfassenden Sinn ist unmöglich. Warum pathologisieren wir Fremdgeher und stigmatisieren sie moralisch, wenn sie doch eigentlich der Normalfall sind?« Laut einer Umfrage in der Schweiz würden 72 Prozent der Eidgenossinnen gerne mal fremdgehen, trauen sich aber nicht.

Auch Daniel Bergner, Autor des US-Bestsellers »Die versteckte Lust der Frauen«, recherchierte, dass gerade Frauen anders leben wollen, als sie es seit Jahrhunderten im Westen tun müssen.[3] Sie hätten gar promiskere Gedanken als Männer und würden nur durch ihre Sozialisation und die kulturelle Prägung von ihren Wünschen abgehalten. Bergner meint, das Verlangen der Frau sei eine nicht entfesselte Kraft, die Gefahr läuft, zu versiegen, solange sie unterdrückt wird.

Wie sieht eine zukünftige Gesellschaft aus, in der diese Kräfte wieder frei und ohne ständige Angst fließen können und in der Vereinbarungen, wie Andreas und Beate sie für sich trafen, die Regel sind? Sie ist in jedem Falle eine friedvollere, auch in politischer Hinsicht. Indem der menschliche Sexualtrieb nicht durch das Diktum der Monogamie unterdrückt wird, sondern gelebt werden kann, steht den Menschen die Energie des Lustgewinns zur Verfügung. Wir sind besser gelaunt, entspannter, ruhiger, kompromissbereiter, weniger aggressiv, weniger gewalttätig – und vor allem gesünder. »Ein entscheidender Faktor für Herzinfarkt ist ein Mangel an Liebe«, stellte Dr. Alexander Lowen vom International Institute for Bioenergetic Analysis in New York in zwei Studien fest.[4] »Ich meine nicht sentimentale Liebe, sondern erfüllte Liebe.« Er hatte herausgefunden, dass weibliche und männliche Herzinfarkt-Patienten zu zwei Dritteln über sexuelle Unerfülltheit oder Probleme in der Liebe klagten. Auch dem Immunsystem nutzen regelmäßig ausgeschüttete Sexualhormone. Die Liste des gesundheitlichen Nutzens von Sex und seelischer Ausgeglichenheit ist lang.

Das alles funktioniert allerdings nur dann ohne Reibungsverluste, wenn die Menschen reif sind für die bedingungslose Liebe

33.

und gelernt haben, ihr Ego und Besitzstandsdenken zu zügeln. Das Risiko, dass unsere Gesellschaft im Zuge einer praktizierten freien Liebe aus lauter Verlassenen besteht, kann man schon heute als eher gering einschätzen. Laut einer Studie aus dem Jahr 2013 lieben 80 Prozent der Fremdgänger ihre Partner – und kehren immer wieder zu ihnen zurück.[5]

34.

STELL DIR VOR, ...

... WIR ETABLIEREN EINE FREIWILLIGE CYBERWEHR!

Niemand weiß, wie viele es sind. Niemand weiß, wo genau sie sich aufhalten. Niemand weiß, wann sie als nächstes zuschlagen werden. Und vor allem weiß niemand, wer hinter den Aktionen steckt. Klar allein ist, dass es sich um eine freiwillige Cyberwehr handelt, die weltweit, dezentral und in verdeckten Missionen für die Sicherheit, Rechte und Vergeltung der überwachten Menschen eintritt.

Sämtliche Kontobewegungen wurden von den Regierungen, Geheimdiensten und der Industrie ausgespäht, auf einen Meter genaue Mobilitätsprofile angelegt, alle bargeldlos getätigten Einkäufe registriert, die gesamte Kommunikation gespeichert, das komplette mediale Rezeptionsverhalten dokumentiert, lückenlose Krankheitsbiografien erstellt, selbst intimste Aktivitäten in Privatwohnungen durch ferngesteuerte Kameras in Computern, Handys und Rauchmeldern aufgezeichnet, über den Städten schwebten dauerhaft Videodrohnen. Kurzum: Das Private war tot. Als unsichtbar Gefangene lebten die Menschen in einer modernen Fünf-Sterne-Knechtschaft. Das Einzige, was noch frei war, waren die Gedanken.

Doch auch für diese Schwachstelle im System tüftelten die Konzerne an einer Lösung.

Die Überwachung hatte eine derartige Perversion angenommen, dass irgendwann mit Widerstand aus dem Bürgertum zu rechnen sein musste. Nun aber bekamen die Behörden durch die Totalbespitzelung – und das war ja Sinn der Sache – sämtliche Gefühlsregungen in der Bevölkerung mit, sodass bei unachtsamen Amateur-Rebellen schnell jemand vor der Tür stand, um sie zu bitten mitzukommen.

Die Observation hat dazu geführt, dass die Menschen wieder die direkte Kommunikation suchen. Von Angesicht zu Angesicht. Ohne Handy in der Tasche. Fernab von überwachten innerstädtischen Plätzen. Das tun sie im Übrigen auch ohne verschwörerische Absichten. Schlagkräftige Gegenwehr kann sich jedoch nur dort entfalten, wo die Spitzel wirken, in den digitalen Datensphären. Deshalb haben dort Hacker, Netzadministratoren und IT-Experten eine Art Selbsthilfegruppe gebildet. Das Volunteer Cyber Command (VCC) agiert weltweit gegen die kollektive Kontrolle und verbindet und solidarisiert ausschließlich Profis, die genau wissen, wie man sich unerkannt in der virtuellen Welt bewegt. Aus Sicherheitsgründen kennt niemand weder die Identität noch die Koordinaten der anderen Mitkämpfer.

Da der Online-Schutz der Gesamtbevölkerung schier unmöglich ist, hat sich das VCC in erster Linie zum Ziel gesetzt, die Späheinrichtungen der Aggressoren zu zerstören und deren Netzwerke, Server und Computer mit viraler Schadsoftware zu infiltrieren. Verdeckte Aktionen des VCC finden inzwischen täglich statt. Ganze Behörden werden lahmgelegt, als unüberwindbar geltende Geheimdienstnetzwerke gehackt, Drohnen zum Absturz gebracht. Der Schaden geht in die Milliarden.

Schon in den Jahren vor Bekanntwerden des VCC hatten die Aktivisten von Anonymous die Machtzentralen dieser Erde verunsichert. Doch während Anonymous scheinbar willkürlich und auch nur punktuell gegen persönlich empfundenes Unrecht vorging, spezialisierte sich das VCC auf den Kampf gegen die Überwachung.

34.

Gegen Anonymous ist die Strafverfolgung in der Vergangenheit bereits annähernd machtlos gewesen. Genauso wie gegen die parallel zunehmende Cyberkriminalität. So sehr man sich auch bemühte: Den Angreifern war nicht beizukommen. Sie verfügten ständig über besseres Know-how als die sogenannten Sittenwächter. Das führte sogar dazu, dass Behörden wie das Bundeskriminalamt 2012 per Stellenausschreibung nach »staatstreuen Hackern« suchten.[1] Doch während der Trieb gewöhnlicher Cyperkrimineller von Bereicherung und Destruktion bestimmt war, verstehen sich die Krieger der für das VCC arbeitenden Technik-Elite als Robin Hoods der Gesellschaft. Die kriminellen Energien, so das Selbstverständnis des VCC, gehen inzwischen vom Staat aus.

Abwegig ist das Eingreifen eines Cyber-Kommandos längst nicht mehr. Bereits 2012 probten österreichische Behörden gemeinsam mit Wirtschaftsvertretern den Super-GAU in den virtuellen Dimensionen ihres Landes. Blackouts, defekte Geldautomaten, ein nicht mehr funktionierendes Internet, brachliegende Mobilkommunikation, das alles wurde simuliert. Eine der Empfehlungen des Planspiels war die Etablierung einer staatstreuen »freiwilligen Cyberwehr«, eines Pools von IT-Experten, der im Falle von Angriffen im Internet aktiviert werden kann.[2]

Im gleichen Jahr kam heraus, dass sich US-Unternehmen bereits durch ein Netz von IT-Fachleuten gegen Angreifer nicht nur verteidigen, sondern die Anschläge sühnen lassen. »Wir löschen nicht nur den Brand«, hatte Shawn Henry das Vorgehen umschrieben, ehemals Führungskraft in der Abteilung Cybercrime beim FBI und heute Präsident des IT-Sicherheitsunternehmens Crowdstrike. »Wir kümmern uns auch um die Brandstifter.«[3]

Um die Brandstifter unter den angeblichen Gesetzeshütern kümmert sich nun das VCC. Beharrlich führen dessen IT-Experten ihre Zermürbungsangriffe durch. Zu einem schnellen Stillhalteabkommen hat das Kräftemessen im virtuellen Raum nicht geführt. Mittelfristig jedoch hat das konsequente Zertrümmern der immer wieder neu errichteten Infrastruktur dazu geführt, dass die staatlichen und industriellen Überwachungsmaßnahmen erheblich reduziert wurden.

STELL DIR VOR, ...

... FLÜCHTLINGE REVITALISIEREN UNSERE STÄDTE UND DÖRFER!

Am 30. Oktober 1961 erreichten 35 türkische Gastarbeiter mit einem sogenannten Gesellschaftssonderzug das gelobte Land. Sie waren in Istanbul eingestiegen, mussten neun Mal umsteigen und kamen nach 72 Stunden in München an. Dort wurden sie herzlich in Empfang genommen. Sie wurden ja gebraucht. Nachdem 1955 die ersten Italiener nach Deutschland gekommen waren, machten nun die Türken die zweite Welle eines unvergleichlichen Zustroms von Ausländern nach Deutschland. Zu Spitzenzeiten stiegen 1000 Türken pro Tag aus den Zügen. 1964 wurde auf dem Bahnhof in Köln-Deutz mit dem Portugiesen Armando Rodrigues de Sá der millionste Gastarbeiter mit großem Tamtam begrüßt und sogar vorab mit einem Moped belohnt. Ab 1970 durften die sehnlichst erwarteten Gastarbeiter sogar das Flugzeug nehmen. 14 Millionen Menschen aus Südeuropa kamen so in die Bundesrepublik – und längst nicht alle kehrten in ihre Heimat zurück. Gleichzeitig holte die DDR knapp 100 000 Vertragsarbeiter aus Vietnam, Mosambik, Kuba, Angola, China und Polen ins Land, um für wirtschaftlichen Aufschwung zu sorgen.

Zeitsprung. 30. Oktober 2021. Auf dem Rollfeld des Düsseldorfer Flughafens ist der rote Teppich ausgerollt. Die Kameras zeigen Bundeskanzler, Bundespräsident, Bundestagspräsident und Wolfgang Niedecken. Gemeinsam warten sie darauf, dass sich die Tür des Airbus öffnet und die ersten 526 Passagiere aus Afrika die Treppen heruntersteigen. Zwar betreten auch sie Boden, den sie vielleicht als gelobtes Land bezeichnen würden. Aber nicht, weil sie Gastarbeiter wären, die dankbar sein müssten, weil sie der deutschen Wirtschaft dienen dürfen, sondern weil sie in ihrer Heimat entweder verfolgt wurden oder durch die dort herrschende Armut keinerlei Perspektiven mehr gesehen hatten. Gebührte nicht auch ihnen das Recht auf ein zufriedenes Leben und ein Mindestmaß an Wohlstand?

Nach dem Tod zehntausender im Mittelmeer ertrunkener Flüchtlinge hatte die Europäische Union in einer tabubrechenden Aktion beschlossen, die über viele Jahre höher und breiter gewordenen Bollwerke zu öffnen und in einer ersten Phase zehn Millionen notleidende Afrikaner und Araber auf ihren Kontinent zu lassen. Allein zweieinhalb Millionen sollten in Deutschland Zuflucht finden. Nicht irgendwo. Leerstehende Arbeiterstadtteile, die man im Ruhrgebiet zuletzt abgerissen hatte, um Gras auf ihnen zu säen, verlassene Dörfer in Brandenburg, die man schlicht aufgegeben hatte, Geisterstädte, die für den inzwischen stillgelegten Braunkohlentagebau geräumt werden mussten, sie alle wurden mit Milliardensubventionen und den Einnahmen aus der Millionärssteuer saniert und dienen heute wieder als Wohnquartiere.

Von den Flughäfen werden die Flüchtlinge mit Bussen und Regionalzügen in ihre neuen Unterkünfte gebracht. Was sie dort vorfinden, ist keine Ansammlung seelenloser Asylantenheime. Sie stoßen auf eine intakte Infrastruktur, möblierte Wohnungen, gut gefüllte Supermärkte sowie Beete und Ackerflächen, die von ihnen bestellt werden können. Menschen aus der Region bringen massenweise Kleidung und Hausrat vorbei, bieten ihre Hilfe an. Neben dem Begrüßungsgeld von jeweils 200 Euro erhalten die Einwanderer je 5000 Einheiten einer extra für sie geschaffenen Lokalwährung, die in den ersten Jahren eine wirtschaftliche Struktur in den Little Syria, Little Somalia oder Little Sudan genannten Stadtteilen und Dörfern etablieren soll. In Eingliederungsprogrammen helfen ehemalige deutsche Steuerbetrüger und ehemalige Neonazis dabei, die neuen Siedlungen sauber und sicher zu halten. In den Kindergärten und Schulen ergänzen sich Erzieher aus Deutschland und Lehrer aus den Heimatländern der Flüchtlinge. Zehntausende deutscher

Rentner arbeiten ehrenamtlich in den aufblühenden Quartieren mit der sehr jungen Bevölkerung aus Afrika und dem Nahen Osten. Erst nach einem Moratorium von fünf Jahren soll die Steuerpflicht greifen.

Was die EU vormachte, wird inzwischen von den USA kopiert. Zu groß wurde auch dort der Grenzdruck, zu viele Opfer waren zu beklagen, zu voll waren die Gefängnisse. Zu den gewaltigen Strömen von Armuts-, Kriegs- und Diskriminierungsflüchtlingen kam der stark wachsende Strom von Klimaflüchtlingen, deren Heimat zum Großteil von der Landkarte verschwunden war. Selbst die radikalsten Patrioten mussten erkennen, dass in Zeiten wie diesen nicht Schutzwälle und Patrouillenboote Abhilfe schaffen, sondern eine Politik, die die Grenzen der Nationalstaaten zu Membranen werden lässt, durch die hindurch sich die Menschen frei bewegen können. So wie der lebenserhaltende Blutstrom in einem Organismus.

Im vergangenen Jahrhundert hatte man in Deutschland von den hilfsbereiten Gastarbeitern erwartet, dass sie nach getaner Arbeit bitte schön in ihre Heimat zurückkehren. Von den 14 Millionen, die bis zum Ende des Anwerbestopps 1973 kamen, verließen elf Millionen wieder die Bundesrepublik. Die anderen blieben – und holten sogar ihre Familien nach. Der Bleibequotient nach der großen Völkerwanderung Anfang des dritten Jahrtausends ist weitaus höher. Rund 60 Prozent werden in ihrer neuen Heimat sesshaft. 30 Prozent ziehen weiter in andere Nationen. Alle Länder sind plötzlich Einwanderungsländer.

Nach den Märkten, die vor Jahrzehnten die Globalisierung initiierten, dürfen sich nun gnädigerweise auch die Menschen, deren heimatlicher Ressourcen man sich bisher nur bedient hatte, selbst frei bewegen. Die konstruktive Flüchtlingspolitik hat für die größte ethnische, kulturelle und religiöse Durchmischung aller Zeiten gesorgt. Um die Fehler der Vergangenheit nicht zu wiederholen, werden die Flüchtlinge und Migranten nun viel schneller in die Gesellschaft integriert sowie die Gesellschaft konsequent darauf geschult, die kulturellen Neuigkeiten als Ergänzung der eigenen Identität zu verstehen. Nicht bloß, weil es dem sozialen Frieden zuträglich ist, sondern weil

Behörden wie Unternehmen erkannt haben, dass sie sich in ihren Mitarbeiterstrukturen auf die neuen Verhältnisse einstellen müssen, um erfolgreich zu sein. In vielen Ländern hatte die neue Disziplin des Diversity Managements rechtzeitig den Boden für den Ansturm aus dem Ausland bereitet. »Die Rekrutierung der immergleichen Spezies eignet sich nicht dafür, Kreativität, Produktivität oder Innovationsgeist zu fördern«, hatte Marion Kraske, interkulturelle Trainerin und Unternehmensberaterin aus Hamburg, bereits 2014 prophezeit. »Monokulturen in Unternehmen sind auf Dauer keine Basis, um den Herausforderungen der Zukunft zu begegnen.«

Und aus einem weiteren Grund kann der wirtschaftspolitische Flügel der Politik jubeln. Eine der Nebenwirkungen der Flüchtlingstreks, die fast ausschließlich aus unter 30-Jährigen bestehen, ist die Tatsache, dass in den westlichen Staaten mal eben viele Probleme des demografischen Wandels beseitigt werden.

36.

STELL DIR VOR, ...

... DER MOND IST DAS NEUE MALLORCA!

So normal früher Bahnhöfe und Busbahnhöfe, Häfen und Flughäfen waren, so normal sind heute die unzähligen, über den gesamten Globus verteilten Space Terminals. Sie sind die Tore der Menschheit zum All. Allein von Berlin aus werden über 100 Ziele angesteuert. Montags, 10 Uhr, Plejaden. Mittwochs, 12 Uhr, Sirius. Oder sonntags, 9 Uhr, das Schnäppchen: Mond. Was damals Mallorca war, ist heute der Erdtrabant. Das Zeitalter der sündhaft teuren Abenteuertrips in die Schwerelosigkeit à la Richard Branson sind vorbei. Die neuen, nicht auf Verbrennung basierenden Antriebe haben selbst Lichtjahre lange Reisen kostengünstig und für jedermann erschwinglich werden lassen (siehe auch Utopien 18 und 29).

Der neuen kosmischen Reiselust der Menschen, der Neugier, unbekannte Welten zu entdecken und wieder zur Erde zurückzukehren, folgte eine wahre Völkerwanderung in die Weiten des Universums. Zum einen, weil vielen Menschen die Lebensverhältnisse auf dem blauen Planeten nicht mehr lebenswert genug erschienen und sie sich woanders bessere Umstände erhofften. Zum anderen, weil durch subventionierte Regierungsprogramme Abertausenden der Abschied von der Erde schmackhaft gemacht wurde, um den Menschheitsdruck auf die irdischen Ökosysteme spürbar zu minimieren. So hat innerhalb weniger Jahre die Weltbevölkerung auf eine für den Planeten Erde erträglichere Zahl von zwei Milliarden abnehmen können. So wenige Menschen hatte es zuletzt in den Fünfzigerjahren des 20. Jahrhunderts gegeben.

Durch die Abwanderung derartiger Massen waren die bislang ungehemmt wachsenden Märkte gezwungen, sich umzustrukturieren. Wer sollte noch all die Autos, Kühlschränke, Klimaanlagen und Handys kaufen? Genauso konnte die landwirtschaftliche Produktion gedrosselt und Flächen an die Natur zurückgegeben werden. Und schon allein wegen der neuen und völlig nachhaltigen Energiequellen kam die Förderung von Kohle, Öl und Gas zum Erliegen. Vielleicht war das Flüggewerden des Menschen die letzte Rettung für die eigene Spezies.

Durch die Fähigkeit, intergalaktische Raumfahrt zu betreiben, sind die Erdlinge notgedrungen in Kontakt mit anderen Zivilisationen gekommen – die allermeisten sind hinsichtlich ihrer geistigen und technischen Evolution weit fortgeschritten und der Menschheit – abgesehen vom Fußball – in allen Belangen überlegen. Das machte es für die irdischen Migranten einfacher, neue Heimaten zu finden. Denn Völker, deren Bewusstsein lange genug reifen konnte, um die einzig tragfähigen Grundlagen des Lebens und Zusammenlebens zu erkennen, sind per se friedfertig und selbst merkwürdigen Aliens wie den Menschen gegenüber gastfreundlich eingestellt.

36.

Die Vorstellung intergalaktischer Reisen war schon zu Beginn des dritten Jahrtausends kein Hoheitsgebiet von Science-Fiction-Autoren mehr gewesen. Fast monatlich sorgten Meldungen aus Wissenschaft und Technik für die Annahme, dass der Aufbruch der Menschheit zu weit entfernten Sternensystemen nicht mehr allzu lange auf sich warten lassen dürfte. 2012 erklärte beispielsweise Professor Werner Becker vom Max-Planck-Institut für extraterrestrische Physik auf einem Kongress in Manchester, dass man die pulsierende Strahlung zerstörter Sterne als Orientierungspunkte für kosmische Reisen nutzen könne. Man hätte eine Art Navigationssystem entwickelt, das »vielleicht sogar unseren Nachkommen die ersten Schritte in den interstellaren Raum weisen wird«.[1] Ebenfalls 2012 überraschte eine deutsch-griechische Arbeitsgruppe für Feldtheorie mit der Feststellung, dass die sogenannten Wurmlöcher, die in der Science-Fiction-Gemeinde schon lange als Abkürzungen im interstellaren Raum angesehen wurden, durchaus auch ohne die bisher vermutete Existenz von »exotischer Materie« stabil bleiben und entdeckt werden können. Wie müssten die Wurmlöcher, von denen schon Albert Einstein ausgegangen war, beschaffen sein, um sie für einen kosmischen Trip zu nutzen? »Die Gravitationsunterschiede dürften während der gesamten Reise nicht zu groß sein, damit ein Objekt unbeschadet vom einen zum anderen Ende des Wurmlochs gelangen kann«, so der Privatdozent Burkhard Kleihaus. »Allein um einen menschlichen Körper auf diese Weise unbeschadet zu transportieren, dürfte sich schon der Eingang zum Wurmloch nur sehr sanft krümmen und benötigte damit einen Durchmesser von mehreren hundert Lichtjahren.«[2] Zum Vergleich: Der Durchmesser unserer Heimatgalaxie, der Milchstraße, beträgt rund 100 000 Lichtjahre. Die an den Berechnungen beteiligten Wissenschaftler äußerten, dass es sich bei Sagittarius A*, dem Zentrum der Milchstraße, von dem bislang angenommen wurde, ein schwarzes Loch zu sein, in Wahrheit um den Eingang zu einem Wurmloch handeln könnte.

Harold White vom Johnson Space Center steigerte die Erwartungen beim »100 Year Starship Symposium« im Herbst 2012 um

einen weiteren Faktor. Er erinnerte an den Warp-Antrieb des legendären Raumschiffs Enterprise und meinte: »Es gibt Hoffnung,
dass ein solcher Antrieb aus der Science-Fiction heraus auf die Pla-
nungstische gelangen könnte.«[3] Um schneller als das Licht zu reisen,
müsste eine Technik die vierdimensionale Raum-Zeit im Umfeld
des Raumschiffs manipulieren. Bisher war man davon ausgegangen,
dass man die Energie, die dafür nötig wäre, niemals würde aufbringen können. Neue Berechnungen der NASA deuteten jedoch darauf
hin, so White, dass man durch die Konstruktion eines torusförmi-
gen Rings, der das Raumschiff umgibt, weit weniger Energie benötigt. Er würde den Raum um das Raumschiff krümmen, vor ihm
den Raum zusammenziehen, hinter ihm den Raum strecken. Das
Raumschiff selbst würde sich in einer Blase »ganz normaler« Raum-
Zeit bewegen können. Eine zehnfache Lichtgeschwindigkeit sei so
schätzungsweise möglich.

Gene Roddenberry, Erfinder der besagten Weltall-Saga »Raumschiff Enterprise«, ging in seinen utopischen Projektionen davon
aus, dass die erste Enterprise im Jahr 2151 Realität werden würde. 2012 machte ein US-Ingenieur von sich reden, indem er an die
NASA appellierte, endlich eine echte Enterprise zu bauen. Das sei
innerhalb der nächsten 20 Jahre möglich – also weit vor 2151. »Wir
haben technologisch den Stand und die Mittel erreicht, um die erste
Generation von Raumschiffen zu bauen, wie sie als ›USS Enterprise‹
bekannt sind«, sagt er. »Also lasst es uns tun! Die Ausgaben würden
sich kaum auf die sonstigen Haushalte der NASA auswirken. Die
Hindernisse, die dem Bau der Enterprise im Wege liegen, existieren nur in unseren Köpfen.«[4] Auf seiner Internetseite BuildTheEn-
terprise.org schlägt der Ingenieur, der sich nur Dan nennt, einen
Ionenantrieb in Kombination mit einem Magnetring vor, der eine
Gravitation von 1G erzeugt. Drei Tage würde man so bis zum Mond
brauchen, 90 Tage bis zum Mars – realistische Flugzeiten für 1000
Reisende pro Raumschiff.

Bei einem derartigen Fortschritt in der Luftfahrt sollte es wohl
kein Problem sein, die Mondoberfläche etwas attraktiver zu gestalten und ein paar Krater mit Wasser zu füllen.

37.

STELL DIR VOR, ...

... WELTWEIT WIRD EIN BEDINGUNGSLOSES GRUNDEINKOMMEN GEZAHLT!

Ein einziger Multimilliardär hatte den Anfang gemacht, den wichtigsten Spendentopf der Menschheitsgeschichte zu befüllen. Durften die Superreichen in ihrer 2010 von Warren Buffett und Bill Gates angestoßenen Initiative The Giving Pledge noch selber bestimmen, was mit ihrem Geld passiert, war im Falle des neuen World Equality Fund klar, dass es ausschließlich darum geht, die globale Armut zu beseitigen – durch die Einführung eines bedingungslosen Grundeinkommens (BGE). Die Hilfsorganisation Oxfam hatte 2014 berechnet, dass die wohlhabendsten 85 Menschen der Erde den gleichen Reichtum besitzen wie die arme Hälfte der Weltbevölkerung, also als rund 3,6 Milliarden Menschen.[1] Der klassischen Entwicklungshilfe, die in vielen Fällen nie bei den Bedürftigen ankam, sollte ein neues Modell entgegengesetzt werden, ein Modell, das nicht einer nationalen Wirtschaft, sondern jedem Einzelnen zugute kommt.

Um die Herkulesaufgabe zu bewältigen, wurden die Einnahmen aus dem World Equality Fund mit nationalen Einnahmen kombiniert, die aus dem Umbau der Steuersysteme vieler Staaten entstanden. Denn so etwas wie eine Einkommensteuer konnte es unter den Voraussetzungen eines BGE nicht mehr geben, genauso wenig wie ein Teil der bisherigen Sozialabgaben, die durch das BGE ersetzt wurden.

»Wir haben die große Möglichkeit, Hunger und Armut auszuradieren. Niemand soll wieder in absolute Mittellosigkeit fallen können. Das erste Mal in der Geschichte verfügen wir über die Ressourcen, das Wissen und die Technik, um den Hunger zu einem Relikt aus der Vergangenheit werden zu lassen«, sagte der südafrikanische Erzbischof Desmond Tutu Anfang des dritten Jahrtausends über das »Unconditional Basic Income« und fragte: »Aber haben wir auch den Willen? Es geht um die Ärmsten der Armen. In einem so armen Umfeld entwickeln soziale Transfers eine ungeheure Wirkung.«[2] Und führen nicht etwa – wie lange Zeit behauptet – dazu, dass die Empfänger zur Faulheit motiviert werden.

Das zeigte auch ein Pilotprojekt, das 2008 und 2009 in Namibia von Kirchen und Gewerkschaften initiiert wurde. In einem Dorf rund 100 Kilometer östlich von Windhuk wurde 930 Einwohnern ein monatliches BGE von 100 Namibischen Dollar gezahlt – das entsprach damals rund 8,60 Euro. Die Konsequenzen waren mehr als hoffnungsvoll: Die Zahl untergewichtiger Kinder fiel, die Zahl der Schulabbrecher fiel, die Kriminalitätsrate sank, Viehdiebstähle nahmen um die Hälfte ab, die Rate der Erwerbstätigen stieg auf über 50 Prozent. Viele Kleinunternehmen wurden gegründet. Sie stellten Ziegelsteine her, backten Brot, nähten Kleider. Die Kaufkraft wuchs, sodass auch ein lokaler Markt für die neuen Produkte organisiert werden konnte. Einzig: Die namibische Regierung sah sich dadurch nicht veranlasst, ein staatliches BGE einzuführen – sondern wiederholte die alten Vorurteile von der Förderung von Faulheit und Bequemlichkeit.[3]

In Deutschland wurde das BGE erstmals 2011 in ganzer Breite diskutiert, da es zu den Kernforderungen der damals so erfolgreichen Piratenpartei gehörte. Die Deutschen dachten gar, das BGE sei eine ureigene Idee der Piratenpartei. Das ist keineswegs so. Es gibt sie seit über 500 Jahren. Die Überlegung, jedem Bürger eine monatliche finanzielle Teilhabe an den Gesamteinnahmen einer Gesellschaft zu garantieren, stellten bereits Thomas Morus in seinem Roman »Utopia«, der französische Aufklärer Baron de Montesquieu, der britische Ökonom John Stuart Mill, der Sozialpsychologe Erich Fromm, Martin Luther King oder der US-Visionär Buckminster Fuller an. Viele Staaten ließen an verschiedenen Varianten des Grundeinkommens forschen und experimentieren, darunter tatsächlich auch Deutschland, Österreich, die Schweiz, Spanien und

Frankreich. Bereits in den Sechzigerjahren fand eine von US-Präsident Johnson eingesetzte Kommission heraus, dass ein garantiertes Mindesteinkommen sinnvoll und machbar sei – ohne negative Folgen. Pilotprojekte in den USA, die herausfinden sollten, ob solch eine verlässliche staatliche Zahlung nicht den Arbeitsunwillen ganzer Bevölkerungsschichten befördern würde, konnten diese Sorge nicht bestätigen.

Unter all den Bemühungen liegt der Gedanke, dass der Mensch ungeachtet der gesellschaftlichen Umstände und seines individuellen Schicksals von etwas leben und sich aktiv am sozialen Leben beteiligen können muss. Durch die Zahlung eines BGE erhält jeder Bürger in einer geldbestimmten Gesellschaft sein Stück an Freiheit zurück – und zwar nicht durch ein Unternehmen, bei dem er arbeitet, sondern durch die Gemeinschaft. Götz Werner, Chef der Drogeriemarktkette dm, ist einer der prominentesten Befürworter des BGE in Deutschland und der Meinung, dass man die Menschen damit raus aus dem lähmenden Existenzdruck holt. »Wir trauen dir was zu, jetzt zeig mal, was du kannst. Das macht das Grundeinkommen«, sagt Werner. »Daraus entsteht ein Freiheitsraum, aus dem heraus der Einzelne tätig werden kann. Arbeiten definieren wir heute als weisungsgebundene, sozialversicherungspflichtige Erwerbsarbeit, aber Arbeit ist immer ein Tätigwerden für andere Menschen. Wenn wir uns als Menschen entwickeln wollen, tun wir es dadurch, dass wir über uns hinauswachsen.«[4]

So senkt das BGE nicht nur die Angst in der Bevölkerung vor dem Totalabsturz, sondern es öffnet auch den Weg in die Selbstverwirklichung, schafft also die Möglichkeit, das BGE aufzustocken mit Tätigkeiten und Fertigkeiten, für die man eine Leidenschaft empfindet. Der Traum eines jeden, das Hobby zum Beruf gemacht zu haben, wird in voller gesellschaftlicher Breite gelebt. Das hat zu einem nie dagewesenen Grad der Zufriedenheit geführt, noch nie hat es so wenige Krankschreibungen gegeben (siehe auch Utopie 3).

Die Einführung eines BGE auf globaler Ebene hat noch einen gewaltigen Nebeneffekt: Die von der Sehnsucht nach einem geregelten Einkommen veranlassten Völkerwanderungen in sogenannte Sozialparadiese sind zum Erliegen gekommen. Endlich ist das Überleben dort gesichert, wo man sich am wohlsten fühlt: in der eigenen Heimat.

38.

STELL DIR VOR, ...

... WIR LEGEN EINEN WEISHEITSSPEICHER AN!

Es war eine Schande um all die verlorene Weisheit, um die Lebenserfahrung, um die Erkenntnisse aus vielen ereignisreichen Jahrzehnten. Über 56 Millionen Menschen sterben jedes Jahr weltweit. In Deutschland verlassen stündlich ungefähr 100 Menschen den Planeten. Darunter – logisch – sehr viele alte und sehr alte Personen.

Was von den Verstorbenen blieb, waren meist nur die Erinnerungen der Hinterbliebenen. Die wenigsten hatten Bücher oder Tagebücher geschrieben oder Memoiren verfasst, und was bei Facebook hinterlassen wurde, ging kaum in die Tiefe. Die Welt danach musste ohne die kognitiven Errungenschaften der Betrauerten auskommen. Wenn aber ein Mensch schon sterben muss, warum können wir dann nicht wenigstens dessen geistigen Nährwert für die Menschheit konservieren?

Das ist die Frage, die dem World Wisdom Archive (WWA) zugrunde liegt. Sobald Menschen nun ihr 60. Lebensjahr erreicht haben, werden sie vom WWA angeschrieben und um die Aufzeichnung ihrer Einsichten gebeten. Willigt man ein, wird man von Interviewern des WWA besucht, meist Journalisten oder journalistisch geschulten Sozialwissenschaftlern. Die Gespräche dauern zwei bis drei Stunden und folgen standardisierten Fragenkatalogen. Die

38.

Fragen reichen von biografischen Basisdaten über die Lehren, die man aus seinem Familien- und Berufsleben gezogen hat, bis hin zu philosophischen Einschätzungen über Sinn und Zweck des Lebens. Nach den Erhebungen werden die Interviews mithilfe kommunikationswissenschaftlicher Institute sowohl qualitativ als auch quantitativ ausgewertet, die Ergebnisse wie die anonymisierten Einzelinterviews veröffentlicht.

Die Fragestellung hinter all dem Aufwand: Wie können die Antworten und Quintessenzen der krisengeprüften Gesellschaft weiterhelfen? Wie können zukünftige Generationen von den Befindlichkeiten, Ideen und Erfahrungen der Gewesenen profitieren? Dabei geht es nicht etwa allein um die Aussagen prominenter Meinungsführer oder gesellschaftlicher Leitfiguren, sondern um die Meinung aller – auch die des Hartz-IV-Empfängers. Die historisch immer wieder untersuchte »Weisheit der vielen« soll in einem ultimativen Kraftakt für das kurz vor dem Scheitern stehende Projekt Menschheit genutzt werden. Wenn das lateinische Sprichwort »Vox populi vox dei« (Volkes Stimme ist Gottes Stimme) stimmt, könnte die Rettung gelingen.

Die ersten Auswertungen haben das Mark der Menschheit erschüttert. Denn sie führten vor Augen, wie unfähig man gewesen ist, selbst aus tief empfundenen und milliardenfach geäußerten Erkenntnissen der Ahnen Konsequenzen zu ziehen und untaugliche Denkmuster und Verhaltensweisen für immer auszusortieren. Stattdessen verhielt man sich wie die Barbaren aus den Untiefen des Mittelalters – unnachhaltig, egoistisch, kriegerisch (siehe auch Utopie 16).

Der sogenannte Menschheitsschock ist jedoch schnell einem Jetzt-erst-recht-Gefühl gewichen. In allen Bereichen der Gesellschaft werden die Handlungsanweisungen, die in den sich Jahr um Jahr anreichernden Ergebnissen stecken, implementiert. Dabei kann die hohe Politik genauso profitieren wie jeder einzelne Bürger, jede Familie, jede Firma. Es ist ein immenser Druck erzeugt worden, der in erster Linie den Gesetzen der Nächstenliebe gehorcht und von denjenigen Veränderungen erpresst, die blind den Grundsätzen des Sozialdarwinismus gefolgt waren. Wer in die alten Verhaltensweisen zurückfällt oder sich gar weigert, sie abzulegen, wird gesellschaftlich geächtet. Ausreden, zurechtgelegt, um ein asoziales Verhalten zu rechtfertigen, werden nicht mehr toleriert.

Da der Weisheitsspeicher eine globale Erfindung ist, gelten diese zwischenmenschlichen Veränderungen weltweit. Das bedeutet nicht nur, dass sich weit voneinander entfernt sozialisierte Individuen aufgrund ihrer insgesamt sehr ähnlichen Menschenbilder und Moralvorstellungen immer auf Augenhöhe begegnen, sondern dass jeder vom jeweils anderen profitieren kann, wenn es darum geht, Probleme zu lösen. Der Inuit am Nordpolarkreis vom Rentner aus Florida, der Olivenbauer in der Toskana vom Inka im peruanischen Cusco, der abgewählte FDP-Abgeordnete aus Berlin vom geläuterten Wilderer im Kongo. Erstmals funktioniert Völkerverständigung mit einer derart nachhaltigen Konsequenz. Ein Suchbegriff in den virtuellen Weisheitsspeicher des WWA eingegeben, und schon kommen die passgenauen Lösungsvorschläge aus aller Herren Länder. Wieso also nicht mal versuchen, seine Ehe auf afrikanische Art zu retten?

STELL DIR VOR, ...

... WIR STELLEN UNS UNSEREN ÄNGSTEN!

Jürgen gehörte zu den Menschen, die man als chronisch krank bezeichnet. Immer hatte er irgendetwas. Völlig gesund kannte man ihn eigentlich nicht. Rücken, Migräne, Infektionen. Auch richtig glücklich hatte man ihn nie erlebt. Dazu flüchtete er sich in diverse Süchte. Trinksucht, Kaufsucht, Sammelsucht. Irgendwann wurde bei ihm Multiple Sklerose diagnostiziert, also eine Autoimmunkrankheit, bei der sich der Körper gegen sich selbst richtet. Erst nach diesem Schock konnte ihm ein Komplementärmediziner klar machen, dass möglicherweise er selbst es ist, in dem der Schlüssel für die Heilung und das Finden des Lebensglücks verborgen liegt. Nicht der stressige Job hatte Schuld, nicht die nervende Ehefrau, nicht die böse Gesellschaft.

Jürgen entschloss sich neben der konservativen Behandlung seiner Erkrankung zu einer Psychotherapie. Er wollte endlich offensiv die Fenster aufstoßen zu den Traumata, die in ihm und seiner Familie schlummerten, wollte sich den vielen Leichen im Keller zuwenden, die er und seine Ahnen so viele Jahre und Jahrzehnte weggedrückt hatten. Und da kommt, wagt man sich wirklich in die Tiefe, einiges zusammen: Abtreibungen, Selbstmorde, Misshandlungen, Unterdrückung, Betrug, Verfolgung, Verbannung ...

Was klingt wie die Bestandteile des Gewürzregals eines Drehbuchschreibers ist in der Wirklichkeit verbreiteter, als man glaubt. Gerade in einem Land wie Deutschland, das mehrere Kriege und damit verbundene Familientragödien hinter sich hat. Das Schlimme daran: Das Wenigste davon wurde jemals vernünftig aufgearbeitet – mit den notwendigen Tränen, mit Trauer, mit emotionaler Konfrontation.

»Sich mit den eigenen Gefühlen zu konfrontieren, macht den meisten große Angst«, sagt die Berliner Psychotherapeutin Gabriele Baring. »Selbst Ärzte, die chronische Schmerzpatienten behandeln, verschreiben lieber ihre Mittelchen, als Hinweise darauf zu geben, dass eine Suche nach seelischen Ursachen sinnvoll sein könnte. Aber wahrscheinlich tun sie das, weil ihre Hinweise in den seltensten Fällen befolgt werden. Die Angst und die Scham der bereits Erkrankten ist oft zu groß.«[1] Scham, Angst, Wut und Aggressivität würden dafür sorgen, so Baring, dass viele auf die Fülle des Lebens verzichteten. »Ist diese Aggressivität nicht nach außen gerichtet, richtet sie sich nach innen. Dann schaden wir uns selber. Nehmen wir den Patienten, der lebenslang Kopfschmerzen hat. An den monatlichen Migränetagen kann man sich ins Bett verziehen und weinen und sich übergeben. Worum geht es aber eigentlich? Um Trauer, um Traumata, um Angst und darum, klarzumachen, dass man etwas, das verborgen in einem ruht, nicht aushält, dass man es wieder ausspucken möchte, weil es zu schlimm ist. Dieser wahre Grund wird aber nicht wahrgenommen, geschweige denn ausgesprochen.«

Zieht man nun in Betracht, dass die Epigenetik-Forschung längst den Beweis erbracht hat, dass emotionale Ausnahmesituationen in der Lage sind, die DNA zu verändern und diese Mutationen folglich vererbbar sind, wird die Sache noch viel schlimmer. So können selbst Enkelgenerationen körperlich und psychisch an etwas leiden, das ihre Großeltern gefühlsmäßig durchlitten und nie aufgearbeitet haben. Ganze Gesellschaften werden so von verborgenen Kräften zermürbt und daran gehindert, frei und glücklich zu sein.

Eine Gesellschaft jedoch, die über diese Mechanismen aufgeklärt ist, kann sich den Dämonen, die sie von innen zerfressen, widmen. Damit entwickelt sie Selbstheilungskräfte und kann zu neuer Stärke wachsen. Die anfangs nicht für möglich gehaltene völlige Genesung, die Jürgen erlebte, steht als Beispiel im Kleinen für die Situation und die Potenziale im Großen. Stellen sich ganze Nationen ganz bewusst und strategisch ihren Ängsten, gehen mutig auf sie zu, um sie in heilende Energien zu transformieren, werden sie in ihrer Identität kaum wiederzuerkennen sein. In Familien und Beziehungen kehrt endlich nachhaltiger Friede ein, der gesellschaftliche Zusammenhalt wächst, das Verhalten Fremden gegenüber entspannt sich, das Innovationspotenzial entfesselt sich. Und auch viele Entscheidungen von Politikern sind nicht mehr bestimmt durch deren eigene offene Baustellen, die Abgrenzung und Ausgrenzung begünstigten, sondern durch emotionale wie körperliche Gesundung und Befreiung der Protagonisten, was der Versöhnung größere Chancen gibt.

Es ist immer heilsamer und produktiver, den schwereren, unbequemeren, schmerzhafteren Weg zu gehen, als sich sein Leben lang vor den Gespenstern der Vergangenheit zu flüchten und sich mit Konsum und Süchten abzulenken.

Wie kann den Menschen dieser schwerere Weg bereitet werden? Radikal beantwortet: durch die Massentherapierung ganzer Nationen und die Auseinandersetzung mit der eigenen Historie – im Kleinen wie im Großen. »Beschäftigt euch mit der Vergangenheit und mit eurer Familiengeschichte!«, appelliert Gabriele Baring. »Stellt euch in die Schuhe eines jeden und schließt das Böse nicht aus! Schaut liebevoll auch auf die, die sich etwas zu Schulden haben kommen lassen. Schaut auf den Menschen, nicht auf die Taten. Wenn ein Kind geklaut hat, sage ich ja auch nicht, dass es schlecht ist, sondern dass das, was es getan hat, schlecht ist. Übertragen wir das auf den Umgang mit unseren Ahnen. Sage ich ›Mit meiner Familie möchte ich nichts mehr zu tun haben‹, spalte ich sie von mir ab. Da kann ich nur krank werden oder zumindest sonderbar. Nein, es gehören die dazu, die Helden waren, und es gehören die dazu, die keine Helden waren. Fühle ich mich in jeden von ihnen ein, werde ich am Ende alle mögen.«[2]

STELL DIR VOR, ...

... DIE WELT LEBT NACH DEN GESETZEN DES AYURVEDA!

Am 2. Februar 1835 trat Lord Thomas Babington Macaulay vor das britische Parlament, um von seiner jüngsten Reise zu berichten. Die folgenden Sätze sollen so oder so ähnlich von ihm gesagt worden sein. »Ich bin kreuz und quer durch Indien gefahren, und ich habe weit und breit keinen einzelnen Bettler oder Dieb gesehen – einen derartigen Wohlstand habe ich dort vorgefunden. Ich traf auf viele Menschen von einem so hohen moralischen Kaliber, sodass ich nicht glaube, dass wir dieses Land jemals werden erobern können, ohne ihm vorher das Rückgrat zu brechen – und das liegt in seinem spirituellen und kulturellen Erbe. Dafür, so schlage ich vor, sollten wir das traditionelle Bildungssystem austauschen und ihre Kultur ersetzen, um die Menschen dort in den Glauben zu führen, dass alles, was fremdartig und englisch ist, größer erscheint als sie selbst. So werden sie ihr Selbstwertgefühl genauso verlieren wie ihre ursprüngliche Kultur und dadurch zu dem gedeihen, was wir von ihnen zu sein erwarten: eine wahrlich beherrschte Nation.«[1]

Über den exakten Wortlaut, den Ort und das Jahr dieser Verlautbarung wird seit vielen Jahren gestritten. Dennoch ging Macauleys grundsätzliche Haltung, indigene Kulturen ganz bewusst auszulöschen und gegen die Kultur der Kolonialisten zu ersetzen, als »Macaulayism« in die Geschichtsbücher ein. Dem in England als Schöngeist verehrten Cambridge-Studenten, Dichter, Juristen und späteren Regierungsmitglied Macaulay gelang es tatsächlich, in Indien »eine Klasse zu formen, die zwischen uns und den Millionen, die wir regieren, vermitteln soll, eine Klasse von Personen, indisch in Blut und Hautfarbe, aber englisch in Geschmack, Meinung, Moral und Intellekt«.[2] Die Konsequenzen der britischen Herrenmenschenmentalität bemerkt man bis heute. Indien ist ein zutiefst gespaltenes und von seinem wertvollen Erbe abgetrenntes Land mit gigantischen moralischen Abgründen. Die im negativen Sinne nachhaltigste Vernichtungsaktion der Briten war die Unterdrückung des Ayurveda, dem »Wissen vom Leben«, dem also, das Macaulay als Rückgrat bezeichnet hatte. Heute lebt man in Indien nur in wenigen Winkeln rein ayurvedisch.

Nun ist Ayurveda weit mehr als das, was in westlichen Ländern gemeinhin darunter verstanden wird, mehr als das Entschlackungsverfahren, für das sich längst auch betuchte Briten inzwischen in Indien Einläufe legen lassen. Ayurveda ist eine ganzheitliche und sehr praxisnahe Lebensphilosophie, die neben den Reinigungstechniken auch Pflanzenheilkunde, Ernährungslehre und das spirituelle Yoga beinhaltet. Sie geht davon aus, dass Körper, Geist und Seele eine Einheit bilden und in Harmonie zueinander stehen müssen. Sind die Elemente Feuer, Wasser, Erde, Luft und Äther, die im Kosmos

wie im menschlichen Körper angenommen werden, durch un_ad-
äquate Lebensweise nicht in Balance, entstehen Krankheiten. Das
Ayurveda soll die Selbstermächtigung des Individuums fördern und
fordern, um langfristig ein körperlich gesundes Leben zu führen.
Damit soll das Fundament dafür gelegt werden, bis ins hohe Alter
Spiritualität praktizieren zu können.

Die Stärke der schon viele Jahrtausende vor Christi Geburt an-
gewendeten ayurvedischen Medizin liegt darin, den Lebenswandel
auf ungesundes Verhalten hin zu untersuchen und individuell an-
gepasste Nahrungs- und Bewusstseinskodizes zu vermitteln, um
schwere Krankheiten zu vermeiden beziehungsweise zu therapieren. Ayurvedische Ärzte verwenden dabei Techniken, die in der
westlichen Schulmedizin zum Teil immer noch verpönt, jedoch
alles andere als esoterische Alternativmedizin sind – wie Antlitz-,
Iris-, Zungen-, Puls- und Urindiagnose und die Verabreichung ganz
spezieller Kräutermischungen.

Während das Ayurveda in Indien nach den historischen Kreuz-
zügen nur punktuell und zum Teil stark verändert und ergänzt angeboten wird, trifft man in Sri Lanka noch heute auf das Ayurveda in
Reinform – und zwar in großer Breite. Ist Sri Lanka doch das einzige
Land der Erde, in dem Ayurveda im staatlichen Gesundheitssystem
mit mehr als 16 000 Ayurveda-Ärzten fest verankert ist. Hoffnungsvoll jedoch ist, dass die Ayurveda-Forschung in Indien wie in Europa
und speziell in Deutschland vorangetrieben wird. So lädt die Berliner Charité inzwischen jährlich zum AyurVision-Symposium, die
Europa-Universität Viadrina in Frankfurt/Oder richtete die erste
Professur für Ayurveda in Europa ein, die Hochschulambulanz für
Naturheilkunde am Immanuel Krankenhaus Berlin leitet den Aufbau
eines Informations- und Referenzzentrum für Ayurveda.

»Für ein wissensbasiertes Ayurveda des 21. Jahrhunderts gilt es,
die wissenschaftliche Überprüfung nicht reduktionistisch anzuge-
hen, sondern die therapeutische Komplexität in der wissenschaftli-
chen Überprüfung zu bewahren«, sagt Dr. Christian S. Keßler von
der Charité. »Ayurveda verfügt über stark individuumbezogene
Therapieansätze, die im Sinne integrativer Herangehensweisen

möglicherweise auch sinnvoll in westliche Gesundheitssysteme eingebaut werden könnten. Vor allem aber erscheint es wichtig, Ärzten hierzulande zu vermitteln, dass wirksame Ayurveda-Medizin nur sehr wenig mit der Wellness-Behandlung zu tun hat, die einem beim nächsten Hotelaufenthalt angeboten wird.«[3] Und das AyurVision-Symposium 2014 kam zu der Quintessenz, dass das Ayurveda hierzulande gerade »den Übergang von der Pionier- in die Professionalisierungsphase« erlebe.[4]

Wobei über die Vorzüge des Ayurveda längst ausreichend Beweis geführt wurde. Um sich nun eine Gesellschaft vorzustellen, die komplett auf Ayurveda basiert und damit einen Gesundheitszustand einnimmt wie im Indien in der Zeit *vor* Lord Macaulay, braucht man nichts weiter zu tun, als sich einige der bisher vorliegenden weltweiten Ayurveda-Studien anzuschauen, wie das der österreichische Arzt Dr. Lothar Krenner getan hat: Patienten, die komplett oder in Teilbereichen dem Ayurveda folgten, zeigten eine deutliche Verbesserung des allgemeinen Gesundheitszustands (Energie, Vitalität, Widerstandsfähigkeit, Appetit, Verdauung, Schlaf), wurden weit weniger in Krankenhäuser eingewiesen, waren weniger psychisch labil, hatten weniger Angst, konnten besser mit Stress umgehen, konsumierten weniger Drogen, Alkohol, Nikotin und Koffein, konnten traumatische Erlebnisse besser aufarbeiten, bewiesen eine größere Fähigkeit, Probleme zu lösen, waren kreativer und widerstandsfähiger gegen chemische Umweltgifte.[5]

Und da eine ayurvedische Medizin ganzheitlich praktiziert und nicht reduktionistisch wie im Westen, würde sie Krankheiten ganz anders therapieren, als man es gewohnt ist. Kurz: Eine Gesellschaft des Ayurveda ist eine gesündere – psychisch, physisch, ethisch. Und diese Gesundung macht nicht etwa beim Einzelnen Halt. Sie reicht tief hinein in die Bereiche sozialen Zusammenlebens und hilft dabei, viele der egoistischen Rituale der Konsumgesellschaft aufzulösen.

So könnte das Ayurveda nicht nur als Anleitung zum Gesund- und Glücklichsein verstanden werden, sondern als Fundament für eine Welt, die unter dem Gebot der Nächstenliebe gedeiht (siehe Utopie 16).

STELL DIR VOR, ...

... WIR BEGRENZEN DIE WOCHENARBEITSZEIT!

Torsten Wagner erkennt sein Leben nicht mehr wieder. Er ist doch Topmanager. Wieso arbeitet er dann nur noch bis vier Uhr nachmittags, und das auch erst ab halb zehn, also lediglich sechs Stunden am Tag plus Mittagspause? Müsste er nicht viel mehr arbeiten und am besten als Letzter das Büro verlassen?

Vorher sah das so aus: Als Führungskraft bei einem großen deutschen Automobilhersteller saß Wagner morgens um acht an seinem Schreibtisch, und es gab Tage, da stand er erst wieder um 20 Uhr von seinem Bürostuhl auf. Zwölf Stunden. Mit einer Mittagspause, die keine war. Das selbst mitgebrachte Essen spachtelte er sich vor dem Computer hinein. Wagner war kein Einzelfall. Nicht in seinem Unternehmen, nicht in seiner Branche, nicht in der deutschen Wirtschaft. Aus Angst um den Arbeitsplatz wurde so lange gearbeitet wie noch nie, wurden so viele Überstunden angehäuft wie noch nie, wurde Lohnstagnation bei gleichzeitiger Arbeitszeitverdichtung ohne Murren in Kauf genommen. Das konnte nicht gutgehen. Noch nie hatte es in der arbeitenden Bevölkerung so viele psychische Erkrankungen gegeben. Noch nie waren so viele Menschen mit ihrer Arbeit so unzufrieden.

Kurios: Unter den gleichen Symptomen litten auch diejenigen, die zu den Arbeitslosen und Unterbeschäftigten zählten – eine längst nicht nur im Süden Europas wachsende Bevölkerungsgruppe mit zum Teil erschreckenden Dimensionen. Die Umverteilung der Arbeitseinkommen (der großen Masse) hin zu den Besitzeinkommen (einiger weniger) hatte als Folge der ungeregelten turbokapitalistischen Wachstumspolitik für ein ungeahntes soziales Elend gesorgt. Und kaum ein politischer Rettungsversuch gelang.

Die große Wende wurde erst mit einem offenen Brief eingeläutet, den mehr als 100 Wissenschaftler, Politiker, Gewerkschafter und Publizisten 2013 an die Regierenden richteten. Ihr dringlicher Rat: mit einer kollektiven Arbeitszeitverkürzung die 30-Stunden-Woche einzuführen – bei vollem Lohnausgleich.[1]

Die Erklärung für die Strategie der Arbeitszeitverkürzung: »Sie ist die einzige logische sowie historisch konsequente Antwort auf die jährlichen Produktivitätssteigerungen, die oberhalb der realen Wachstumsraten der Wirtschaft liegen und so zu einem Rückgang des Arbeitsvolumens und ohne Arbeitszeitverkürzung zu Arbeitslosigkeit führen. Die Verkürzung der Arbeitszeit ist nur bei vollem Lohn- und Personalausgleich möglich, sonst sinkt die Lohnquote noch weiter, dies zeigen gesamtwirtschaftliche Berechnungen.« Der Appell: »Wir bitten daher insbesondere die Gewerkschaftsspitzen in den Tarifverhandlungen, aber zugleich auch Wissenschaftler, Politiker und Publizisten der Behauptung strikt entgegenzutreten, eine Arbeitszeitverkürzung bei vollem Lohn- und Personalausgleich sei nicht möglich. Nur eine kollektive Arbeitszeitverkürzung auf eine rechnerische gesamtwirtschaftliche 30-Stunden-Woche ist nach unserer Überzeugung einer der entscheidenden Schlüssel für die Perspektive einer Vollbeschäftigung – wenn nicht sogar der wichtigste.«

Weder in Deutschland noch in einem anderen Land wäre die neoliberale Umverteilung von unten nach oben ohne die lange bestehende Massenarbeitslosigkeit möglich gewesen, so die Unterzeichner, zu denen auch die Linke Sahra Wagenknecht und der Soziologe Oskar Negt gehörten. Ein Überangebot an den Arbeitsmärkten würde zu Lohnverfall führen. Deshalb seien die Profiteure und ihre politischen Unterstützer mit aller Kraft bestrebt, von der Tatsache der Massenarbeitslosigkeit abzulenken.

Zuerst schienen die Aktivisten chancenlos. Dann spielte ihnen der Leidensdruck der Menschen in die Karten. Die Gruppe der Unterstützer wuchs, der Druck wurde größer, und die Gewerkschaften einigten sich mit immer mehr Betrieben auf die 30-Stunden-Woche. Und zwar in ganz Europa.

Dass eine Arbeitswoche um die 30 Stunden realisierbar wie notwendig ist, hatte 2013 schon die Soziologin Jutta Allmendinger behauptet. »Wir leben in einer Arbeitsgesellschaft. Alle müssen sich über die eigene Erwerbstätigkeit absichern, Männer wie Frauen. Dafür stehen uns immer mehr Lebensjahre zur Verfügung. Die Anforderungen wachsen. Wir müssen uns weiterbilden, wollen Kinder erziehen, Eltern pflegen und brauchen auch mal eine Auszeit für uns selbst. 32 Stunden in der Woche, gedacht als Durchschnitt über das gesamte Erwerbsleben, erlauben diese Auszeiten.«[2]

Das würde einhergehen mit einer völligen Veränderung unserer Arbeitskultur, in der bislang vor allem diejenigen Anerkennung finden, die wie Torsten Wagner viel arbeiten und möglichst lange im Büro sitzen. Allmendinger: »Wir müssen uns auf gesunde Grenzen verständigen und sollten nicht mehr den maximalen Umsatz mit Boni belobigen.«

Aber die Verkürzung der Wochenarbeitszeit führte noch zu einem ganz anderen fantastischen Effekt. Der Volkswirtschaftler Niko Paech ist der Meinung, dass sich durch eine Verkürzung der Erwerbsarbeit auf sogar nur noch 20 Stunden »Selbst- und Fremdversorgung so kombinieren lassen, dass die Geld- und Wachstumsabhängigkeit sinkt«.[3] Heißt: Das maßlos gewordene Fremdversorgungsniveau (niemand ist mehr in der Lage, alle seine Bedürfnisse selbst zu stillen) gilt es vorsichtig zurückzubauen zugunsten einer neuen Balance zwischen Selbst- und Fremdversorgung. Damit, so Paech, würde der Wohlstand auf ein materiell bescheideneres, aber eben auch stabileres Fundament gestellt (siehe auch Utopie 13).

42.

STELL DIR VOR, ...

... WIR FÜHREN EINE POLITISCHE HAFTPFLICHT EIN!

Es begann mit einem Kompromiss: Die amtierende Elite wurde per Amnestiegesetz vor ihren eigenen Verfehlungen geschützt. Nur so war es möglich geworden, die persönliche Haftung in die Arbeitsverträge von Staatsbediensteten, Parlamentariern, Oberbürgermeistern und Managern staatlicher, landeseigener oder kommunaler Tochterfirmen zu schreiben. Zu groß war die Angst der alten Garde, für Entscheidungen in der Vergangenheit doch noch zur Rechenschaft gezogen zu werden. Für viel zu teure Flughäfen zum Beispiel, für nicht fliegende Militärflugzeuge, für schwachsinnige Autobahnabschnitte, für die Einsetzung von Buddys auf hochdotierte Posten, für Kriegseinsätze ohne Mandat, kurz: für Amtshandlungen, die gegen geltendes Recht und bestehende Pflichten verstoßen haben – und das Gelöbnis konterkarierten, Schaden vom Volk abzuwenden.

Mit Inkrafttreten des sogenannten Rechenschaftsprogramms und dem parallel dazu installierten »Behördenscanner«, der das Handeln und Wirtschaften von Beamten und Politikern per Internet kontinuierlich nachvollziehbar hat werden lassen, hat sich nicht nur das Verhalten im Amt drastisch verändert, sondern auch das Politik- und Verwaltungspersonal an sich. Grundsätzlich bleibt die Politik nun vor denjenigen verschont, die die begehrten öffentlichen Positionen aus Egogründen und purem Machtstreben anpeilten. Damit ist ein ordentlicher Teil der bisherigen Bewerber schon einmal durchs Rost gefallen. Seltsame Karrieren, wie man sie aus den vergangenen Jahrzehnten gewohnt war, sind plötzlich weder ange-

sagt noch möglich. Übrig geblieben sind die Idealisten, die Anständigen, die den nötigen Mut aufbringen, weil sie ihre Tätigkeit als
Berufung sehen und als Einsatz fürs Land.

Diese Anständigen beweisen, dass viele vor Einführung der politischen Haftpflicht geäußerten Befürchtungen grundlos gewesen
waren. Der häufigste Satz, den sich Reiner Holznagel, Chef des Bun-
des der Steuerzahler, damals hatte anhören müssen, war, dass man
als Politiker bei einer derartigen Verschärfung des Rechts doch stets
mit einem Bein im Knast stehen würde und darum aus Angst nicht
mehr gehandelt werde. »Diese Argumentation kann ich nicht nach-
vollziehen«, hatte der Verbandspräsident immer wieder gekontert.
»Unter Annahme einer solchen Haltung gäbe es zum Beispiel keine
Krankenhäuser. Danach würde jeder Arzt quasi eine Körperverlet-
zung begehen, sobald er einen Patienten behandelt. Nein, dieses Argument ist eine reine Schutzbehauptung fürs Nichtstun.«[1] Jahrelang
hatte der Bund der Steuerzahler vergeblich dafür gekämpft, Steuer-
geldverschwendung mit Gefängnisstrafe zu sühnen.

Die neuen Regeln haben schlicht einen anderen Politiker-, Be-
amten- und Managertypus hervorgebracht, einen, der seine Aufgaben mit Verantwortungsgefühl, Augenmaß, Sachverstand und Sinn
für Nachhaltigkeit erledigt, also auch für die Folgen seiner Arbeit
nach Ende der Amtszeit geradesteht. Es war nicht etwa die Angst,
die bei den Alten für einen Gesinnungswandel gesorgt hätte. Es war
die Personalblockade der alten Elite, die durch die neue Gesetzgebung gebrochen wurde und die Anständigen endlich in gewisse
Positionen vordringen lässt. Und da die alte Elite von Jahr zu Jahr
kleiner wird, haben sich nun die Einflugschneisen für diejenigen
geöffnet, die es ernst meinen.

Genauso wertvoll war die Ausweitung von Transparenz in die
politischen und verwaltungstechnischen Strukturen. »Bisher gibt
es einmal im Jahr einen Bundesrechnungshofbericht oder Landes-
rechnungshofbericht, alle regen sich auf, und das war's. Wenn ich
aber permanent Transparenz im öffentlichen Ressourcenverbrauch
schaffe, habe ich die Möglichkeit, diesen öffentlich darzustellen«,
prophezeite der Hamburger Public-Management-Dozent Björn

Raupach 2013. »Politiker kriege ich ja im Prinzip nur über ihre eigene Rationalität gesteuert – und das ist die Wiederwahl. Einem Politiker ist ja im Endeffekt egal, ob die Verschuldung steigt oder nicht, dem ist wichtig, dass er wiedergewählt wird. Wenn Staatsversagen aber dauerhaft sichtbar wird, dann ist die Wiederwahl gefährdet. Meines Erachtens ist das der Hebel.«[2]

Es ist einer der Hebel. Natürlich werden einige – vor allem strategische – politische Entscheidungen auch weiterhin im Verborgenen getroffen. Geht es jedoch um den Umgang mit Steuergeld, Personal, Gesetzgebung und Lobbyisten, ist die politische Kaste nun zu totaler Transparenz verpflichtet. Konkret: Welcher Politiker trifft sich wann, wo und aus welchem Grund mit welchem Industrievertreter? Welcher Ministerialbeamte bewilligt mit welcher Begründung welche Summe für welches Projekt? Welcher Posten wird aus welchem Grund durch wen und zu welchen Konditionen mit welcher Person besetzt? Die Antworten darauf liest der Wähler heute haargenau im Internet nach. Die Daten werden nicht etwa von den Regierenden selber aufbereitet, sondern von Mitarbeitern eines überparteilichen und unabhängigen Kontrollgremiums, das aus Steuermitteln finanziert wird.

Die Wirksamkeit von Transparenz und Haftpflicht ist bereits nach dem ersten Jahr seit Einführung offenbar geworden. Die Anzahl der politischen Skandale hat beträchtlich abgenommen. Und Volkswirtschaftler und Politikwissenschaftler haben sich den Spaß erlaubt zu berechnen, wie viele Milliarden durch ein früheres Eingreifen hätten eingespart werden können – und wie viele Politiker und Beamte ins Gefängnis gewandert wären, eine lange Liste mit durchaus klangvollen Namen.

STELL DIR VOR, ...

... WIR MACHEN FLUGHÄFEN UND AUTOBAHNEN DICHT!

Wer sich auf große Fahrt begeben will, muss definitiv mehr planen als früher – und sich verschiedene Fragen stellen. Am besten fragt man sich grundsätzlich erst einmal: Muss ich *wirklich* verreisen? Falls ja: Mit *was* will ich verreisen? Dann gilt es abzugleichen: In welchem Zeitfenster ist das eigentlich noch möglich? Und schließlich: Kann ich mir – oder meine Firma sich – den Trip überhaupt leisten?

Der Grund für die Checkliste: Die Möglichkeiten des Reisens sind stark eingeschränkt. Die ausschweifende Tingelei mit den allzeit bereiten Billigjets und stets vollgetankten Kleinwagen und Limousinen ist vorbei. Sie ist nicht mehr zeitgemäß. Zu gewalltig war der Einfluss des Verkehrs auf das globale Klima und lokale Smogsituationen. Weltweit fahren nur noch ein Drittel aller Containerschiffe durch die Ozeane, es existieren gerade mal noch 25 Prozent der Flughäfen. (Hätte man diese Entwicklung nur geahnt, als der neue Berliner Flughafen in Auftrag gegeben wurde …) Die Hälfte aller Autobahnkilometer wurde umgewidmet in endlose Wege für Fahrräder, Rikschas und emissionsfreie Elektrogefährte. Auf dem toten Asphalt zelebrieren Ökos aller Altersklassen mit Camps, Konzerten und Volksfesten den Sieg über die blechernen Dreckschleudern. Der altertümlich anmutende und von Verbrennungsmotoren angetriebene Verkehr musste entsprechend den zur Verfügung stehenden Autobahnkilometern reduziert werden. Das passierte über den schon vielfach erprobten Weg, Autos mit auf gerade und ungerade Zahlen endenden Kennzeichen im wechselnden Tagesrhythmus fahren zu lassen – und zwar ganzjährig. So zornig zu Beginn der Maßnahmen die reisefreudigen und autoverliebten Deutschen waren, so gewaltig war der Effekt auf die nationalen Attraktionen, Naherholungsgebiete und Urlaubsregionen. Auch führte die Beschneidung der globalen Mobilität und Transportmöglichkeiten zu einer Renaissance für lokale und regionale Lebensmittel. Und es dauerte nur wenige Wochen, bis die große Masse der Konsumenten akzeptierte, dass es Erdbeeren nicht das ganze Jahr über im Angebot geben braucht und südamerikanische Papayas nicht an jeder Ecke zu kaufen sein müssen.

Wenn Massenmedien einem Professor vorwerfen, dass er spinnt, dann ist das immer ein Zeichen, ihm zuzuhören. Der Bremer Volkswirtschaftler Niko Paech stellte angesichts der kritischen Lage des Planeten schon 2012 genau diese Forderung: »Wir brauchen ein Rückbauprogramm für Autobahnen und Flughäfen. Das sind gleich nach Kohlekraftwerken die schlimmsten Klimakiller. Klimaschutz-, Energie- und Nachhaltigkeitskunde muss in den Schulen als Pflichtfach eingeführt werden. Weiterhin wäre eine Orientierung an individuellen Kohlendioxid- oder Öko-Bilanzen als einzig verlässliche Zielgröße für eine nachhaltige Entwicklung wichtig.«[1] Paech war sich der Schwierigkeit der Maßnahmen bewusst: »Junkies können sich nicht gegenseitig von der Notwendigkeit einer Entzugskur überzeugen. Erst wenn der Preis für ein Barrel Rohöl die 200-Dollar-Marke erreicht hat und ganze Branchen zusammenbrechen, die wiederum andere Branchen mitreißen, wird die Politik reagieren. Dies wird der Schrittmacher für eine Bewegung in Richtung Postwachstumsökonomie sein. Ich kann uns nur eine Energiekrise wünschen, die uns sesshaft werden lässt.« (siehe auch Utopie 13).

Systemtheoretiker wissen, dass sich Systeme so lange aufrechterhalten, bis sie labil werden und in sich zusammenfallen. Erst mit dem Kollaps entsteht eine echte Chance, ein neues System nach völlig anderen Regeln aufzubauen. Das gilt vor allem für die Mobilität. Ist es doch nur über die genannten systemimmanenten Mechanismen erklärbar, warum eine neue, nachhaltige Antriebstechnologie nicht schon längst marktreif und erschwinglich ist – während andere Branchen wie die der Computertechnik fast jährlich Fortschritte machen.

Selbst radikale Maßnahmen, wie Niko Paech sie vorschlägt, sind allerdings unbrauchbar für einen totalen und nachhaltigen Umbau der Mobilität. Der würde erst mit einer völlig anderen Form von Antrieb einhergehen (siehe Utopie 29). Paechs Vorschläge taugen lediglich dazu, einer Wirtschaft, die sich reformunfähig zeigt, und einer Gesellschaft, die nicht von den vielen Bequemlichkeiten Abschied nehmen will, weltpolitisch mit aller überlebensnotwendigen Aggression zu begegnen.

Vielleicht ist es ja auch gar nicht notwendig, so unfassbar viel zu reisen. Wusste doch schon der chinesische Philosoph Laotse vor über 2500 Jahren: »Je weiter man reist, desto weniger weiß man.« George Harrison komponierte 1968 um Laotses Weisheit herum den Song »The Inner Light« und ergänzte sie mit den Worten: »Arrive without travelling, see all without looking, do all without doing.« Hat man das erst einmal verstanden, schmerzt es auch nicht mehr sonderlich, seinen Zweiturlaub mal wieder zu Hause zu verbringen.

44.

STELL DIR VOR, ...

... AUF DEN FINANZMÄRKTEN HERRSCHT DIE SCHARIA!

Was wurde sich gesträubt, was wurde gehetzt, was durfte sich Tilo Sarrazin noch ein letztes Mal in seinem Leben erregen. Aber die Entscheidung war unumstößlich: An sämtlichen Finanzplätzen der Welt herrscht seit 2027 die Scharia – also islamisches Recht. War die Scharia im Westen bisher nur Synonym für menschenverachtendes Verhalten etwa im Umgang mit Menschenrechten, gilt sie – nach ein wenig Aufklärung – zumindest an den Börsen als moralischer Schlussstein eines über viele Jahrzehnte ausufernden Kredit- und Spekulationsgeschäfts.

Westliche Demokratien konnten insofern beruhigt werden, als mit einem Blick in den Rückspiegel der Geschichte klar wurde, dass es auch im Christentum lange Zeit so etwas wie ein Zinsverbot gegeben hatte. Zumindest ist im Fünften Buch Mose davon die Rede, »seinem Bruder keinen Zins aufzuerlegen«, weder »Zins für Geld«, noch »Zins für Speise, Zins für irgendeine Sache, die man gegen Zins ausleiht, damit der Herr, dein Gott, dich segnet in allem Geschäft«. Allerdings wird in den folgenden Versen ein unterschiedliches Finanzgebaren gegenüber »Fremden« formuliert, den man sehr wohl »einen Zins auferlegen« darf. Dennoch reichte Papst Innozenz III. die Bibelstelle dafür, im Jahr 1215 ein Zinsverbot zu erlassen. Im 16. Jahrhundert legalisierte Heinrich VIII. den Zins wieder, und seitdem nahm das Unheil seinen Lauf.

Was ist an Zins und Zinseszins denn so schlimm? Ein Finanzsystem, das auf der Verzinsung von Krediten basiert, hat nur eine begrenzte Lebensdauer. Mit der Bankenkrise Anfang des dritten Jahrtausends wurde einmal mehr klar, dass zinsgetriebene Gesellschaften in regelmäßigen Abständen von Finanzcrashs heimgesucht werden *müssen*. Aber nichts tat sich. Auch nicht durch das plakative Beispiel, mit dem Börsenexperte Dirk Müller immer wieder in Talkshows selbst – oder gerade – bei Laien für Grausen sorgte. »Angenommen Joseph legte für seinen Sohn Jesus vor 2000 Jahren einen einzigen Cent an bei fünf Prozent Zinsen. Das Sparbuch geht verloren, wird heute wiederentdeckt, und man ließe die Zinsen nachtragen«, konstruierte Müller und fragte in die Ränge: »Was glauben Sie, wie viel Geld man bräuchte?« Das Publikum lag stets daneben. Seine Auflösung: »295 Milliarden Weltkugeln aus purem Gold.«[1]

Damit wollte er wie viele und viel bekanntere Wirtschaftsweise vor ihm veranschaulichen, dass exponentielles Wachstum, wie es vom Zinseszins verursacht wird, langfristig nicht überdauern kann und notgedrungen in fatale Krisen führt. Mehr noch: Biolo-

44.

gen wissen, dass exponentielles Wachstum immer mit dem Tod des Organismus endet, von dem es abhängt. Mit der letzten Phase der Entwicklung, in der die Verschuldung dramatisch ansteigt, kollabiert das System. Aber erst, nachdem es dafür gesorgt hat, dass den Menschen, die bereits viel besaßen, sehr schnell sehr viel mehr Geld zugeflossen ist, während die, die wenig hatten oder gar Schulden machen mussten, immer tiefer in die Schuldenfalle geraten sind. Am Ende übernimmt der Staat die Schulden, das heißt der »kleine Mann« muss blechen. »Die Menschen müssen für diese Zinsen immer mehr Einschnitte erdulden – bis sie irgendwann auf die Straße gehen und sagen, dass sie da nicht mehr mitspielen«, so Müller. Dann erst werde das System wieder auf null gesetzt, die Schulden neu verhandelt, und alles beginnt von Neuem – sofern man nichts ändert, leider nach dem gleichen Muster.

Nicht jedoch mit dem sogenannten Islamic Banking und dem Zinsverbot der Scharia. Nach dem jüngsten Totalzusammenbruch des globalen Finanzsystems sind es Vertreter des Islams gewesen, die auf die christlichen, die jüdischen und die hinduistischen Gemeinden zugegangen waren und erfolgreich vorschlugen, das in vielen religiösen Schriften verankerte Zinsverbot endlich weltweit in die Finanzgesetze zu integrieren. Milliarden Gläubige schlossen sich der Initiative ihrer Häuptlinge an und entfachten ausreichend Druck, um die staatlichen und überstaatlichen Kontrollinstanzen zur Vernunft zu bringen. Ein nächster Kollaps ist mit dem Zinsverbot annähernd unmöglich geworden, die Schere zwischen Arm und Reich kann nicht weiter aufreißen, die Preise, die bisher versteckte Zinsen enthalten hatten, sinken, die Wiederherstellung des sozialen Friedens kann beginnen.

Zaghafte Tendenzen, sich auch an westlichen Finanzplätzen mal mit dem Islamic Banking auseinanderzusetzen, hatte es schon in den Jahren nach der Bankenkrise von 2008 gegeben. Über finanzinteressierte Kreise war die Debatte jedoch nicht hinausgekommen. In die breite Öffentlichkeit traute sich damit keiner, erst recht nicht in Deutschland, wo Menschen wie Tilo Sarrazin erfolgreich Misstrauen gegenüber Fremden und besonders dem Islam gesät hatten.

»Auch im Islam ist es erlaubt, Profite zu machen«, erklärte damals Emre Akyel, Managing Director von iFIS Islamic Capital. »Die Frage ist nur, ob ich diese Profite auf den Schultern anderer mache oder nicht.«[2] Das islamische Finanzsystem basiert auf dem Prinzip des Handels. Leistungsloses Einkommen aus der Leistung anderer, also geldwerter Vorteil ohne wirkliche Gegenleistung, ist im Islam verboten, der Handel mit Geld geächtet, da Geld lediglich als Tauschmittel dienen soll. Islamische Anleihen werden daher meist auf Basis von real existierenden Vermögenswerten ausgestellt. Hinter dem Verbot liegen verschiedene Suren aus dem Koran. In der Sure Ar-Rum, Vers 39, heißt es: »Derjenige, der Riba (Zinsennehmen) praktiziert, um sein Vermögen durch andere zu vermehren, wird nicht den Segen Gottes dazu erhalten.« Und nicht nur der Zins ist verpönt im Islam. Auch jegliche Spekulationen und Transaktionen mit Glücksspielcharakter haben nicht den Segen Allahs.

Das Islamic Banking hat von den krisenhaften Zeiten des ausgehenden Turbokapitalismus profitiert. Das Vertrauen in die westlichen Finanzmärkte war verloren gegangen. Investoren suchten verlässlichere Alternativen. Damit begann der Erfolgsweg der ethischen Geldanlage aus dem Morgenland. Aber würde Islamic Banking das komplette Finanzsystem wirklich robuster machen? Emre Akyel ist davon überzeugt: »Ich beantworte diese Frage mit Ja, da ich überzeugter Islamic Banker bin. Doch es gibt keine empirischen Daten, die ausreichende Vergleiche zulassen würden. Es gibt zurzeit keine Nation, die das islamische Modell zu hundert Prozent praktiziert. Wir können jedoch mit Sicherheit sagen, dass uns einige Finanzkrisen erspart geblieben wären, wenn wir das islamische Finanzsystem praktiziert hätten. Insbesondere die letzte Krise, die sich erst durch die sogenannte Kreditausweitung zu einer globalen Krise entwickelt hat.«[3]

STELL DIR VOR, ...

... WIR SCHAFFEN WIEDER URWÄLDER!

Jeder Deutsche bräuchte einen einhundertjährigen Baum im Garten, um seinen Kohlendioxid-Eintrag auszugleichen. Diese Faustregel hat Anfang des dritten Jahrtausends gegolten, und durch die radikale Aufforstungspolitik der Bundesregierung waren die Deutschen mal wieder Vorreiter einer dringend notwendigen Entwicklung zur Rettung des Weltklimas. In Gärten und Parks, auf Freiflächen und Brachen strebte es himmelwärts. Die innerstädtischen Oasen machten sich optisch ganz gut und nutzten vor allem der Luft- und Lebensqualität. Auch die Renaturierung von Ackerflächen in ländlichen Regionen hatte unmittelbare Auswirkungen auf das lokale Klima und die Artenvielfalt. Und die Umwidmung bestehender Wälder in Urwälder brachte vor allem dem Tourismus einen merklichen Schub.

»Wir wissen, wie man Wälder aufforstet und nachhaltig macht«, hatte bereits 2009 Tim Rollinson, Vorsitzender der Naturschutzorganisation Global Partnership on Forest Restoration verkündet. »Wir wissen auch, wo wir das machen sollten, also sollten wir damit zügig anfangen.«[1] Mithilfe von Satellitendaten hatten Wissenschaftler eine Weltkarte erfolgversprechender Aufforstungsgebiete erstellt. Mit einer Milliarde Hektar (ein Fünftel der bisher vernichteten Wälder) waren die Gebiete größer als bisher angenommen. Und in der Tat begannen sich vor allem die Wälder Europas, wieder auszubreiten.

Aber die Maßnahmen nutzten dem Weltklima nicht allzu viel. Das war zu befürchten. Kanadische Wissenschaftler hatten 2011 per Computersimulation ermittelt, dass Aufforstung kein Ersatz für Emissionsverringerung sein kann – zumindest aber einen kleinen Effekt aufs Weltklima habe.[2] In einer ihrer Simulationen fanden sie heraus, dass gerade Neupflanzungen in den Tropen einen weitaus größeren Effekt haben als welche in kühleren Regionen der Erde. Mit einem renaturierten Europa war es also nicht getan. Auch angesichts der Tatsache, dass der größte Einschlag weiterhin in den tropischen Wäldern geschieht. Im beginnenden dritten Jahrtausend wurden jährlich 130 000 Quadratkilometer vernichtet – knapp ein Drittel der Fläche Deutschlands. Davon waren 90 000 Quadratkilometer tropischer Regenwald und Mangrovenwald. 60 Prozent lagen in Brasilien und Indonesien.

Der wirksamste Entschluss zum Schutz der Wälder in den Tropen und Subtropen war die Einführung einer drastisch hohen Klimasteuer auf Rindfleisch in den Ländern mit dem größten Verzehr. Die Einnahmen wurden direkt in die Aufforstung der Gebiete investiert, die durch das Anlegen von Weide- und Futteranbauflächen zerstört worden waren (siehe auch Utopie 21). Rindfleischfrikadellen sind so teuer geworden, dass sie selbst den größten Burger-Fans den Appetit verderben. Die Nachfrage nach Hack und Filetsteaks ist überproportional gesunken, die gigantischen Weideflächen in Südamerika sind unsinnig geworden.

Nur ein breit angelegter Aktionsplan würde das Klima retten können. Dieser folgte der Einschätzung des Wachstumskritikers Tim Jackson, der darauf hingewiesen hatte, dass die Menschheit bei angenommenem weiterer Bevölkerungs- und Wirtschaftswachstum ihre Ressourcenproduktivität um den Faktor 140 steigern müsste, um das 2-Grad-Ziel – also das Stoppen der Klimaerwärmung bei zwei weiteren Grad, gemessen am vorindustriellen Niveau vor 1850 – zu erreichen. »Das ist nur möglich, indem wir gar keine fossilen Brennstoffe mehr verwenden und unsere intensive Landwirtschaft reformieren. Mehr Wälder, mehr Biodiversität können dabei helfen, Kohlendioxid zu absorbieren.«[3]

Bei der globalen Wiederaufforstung und der Reform der Agrarkultur halfen auch die Ideen des amerikanischen Biologen Dickson

45.

Despommier. Der hatte seit 2002 mit Studenten der Columbia University in New York die Möglichkeiten erforscht, Nahrungsmittel nicht klassischerweise horizontal anzubauen, sondern vertikal – in Hochhäusern. »Es dürfte inzwischen klar sein, dass wir die gigantische Aufgabe einer wachsenden, gleichzeitig aber nachhaltigen Nahrungsproduktion nur mit einem radikalen Wandel bewältigen können«, sagte Despommier. »Ein einziger strategischer Schritt könnte viele unserer derzeitigen Probleme verschwinden lassen: Lasst uns das Getreide drinnen anbauen, unter extrem kontrollierten Bedingungen! Das ganze Jahr über könnte geerntet werden, wir schaffen Kreisläufe, die Wasser und Energie einsparen, unvorhersehbare Klimafaktoren würden uns nicht mehr behindern, durch die Dezentralität würden erhebliche Transportkosten gespart und Schadstoffausstöße verhindert. Und das alles, während sich die Natur draußen ihre Flächen wieder zurückholen kann. Viele Klimaexperten stimmen überein, dass der beste Weg, den Klimawandel zu entschleunigen, die Rückgabe der seit Jahrhunderten mehr und mehr deformierten und ausgedehnten Kulturlandschaften an die Wildnis ist. Mit dem Vertical Farming geben wir der Natur die Möglichkeit, sich selbst wieder zu reparieren.«[4]

Despommiers lang gehegte Vision vom Vertical Farming ist Realität geworden. Zehntausende Getreidehochhäuser überziehen den gesamten Globus. Sie stehen mitten in den Ballungszentren, also exakt dort, wo die Nahrung gebraucht wird. Die Vertical Farms funktionieren klimaneutral. Im Innern gedeihen auf den verschiedenen Etagen unterschiedliche Gemüse-, Getreide-, Obst- und Beerensorten. Je nach Pflanze kann der Ertrag bis zu 30 Mal so groß sein wie auf einem gewöhnlichen Acker. Außen liefern Solarzellen, im Keller ein Biomassekraftwerk Energie. Regenwasser und Abwasser werden aufgefangen und recycelt.

In Anbetracht der wachsenden Weltbevölkerung und der zunehmenden Klimaextreme haben sich die Vertical Farms als überlebenswichtig erwiesen. Hätten ohne die neue Anbautechnik unvorstellbar große Waldflächen gerodet werden müssen, sorgte diese nun genau fürs Gegenteil. Dickson Despommier lag richtig mit seiner Einschätzung, die er 2014 äußerte: »Falls in den Städten auch nur zehn Prozent des Getreides produziert werden, das dort heute konsumiert wird, kann fast die Hälfte des bisher zerstörten brasilianischen Regenwalds wieder aufgeforstet werden und eine signifikante Menge an Kohlenstoff gebunden werden.«[5]

46.

STELL DIR VOR, ...

... WIR KÖNNEN ALS PSYCHONAUTEN UNSER INNERSTES ERKUNDEN!

Das Ritual dauert fünf Stunden. Fünf Stunden bis zur großen Erkenntnis. Bis zu dem Wissen darüber, warum das Lebensglück bisher partout nicht einziehen wollte. Zuerst betet der Schamane, segnet dann den Ayahuasca-Trank, verteilt ihn in der Runde. Während er getrunken wird, singt der Dschungelpriester eine erste Melodie. Der bittere Sud zeigt Wirkung. Die Frauen und Männer fangen an zu weinen, zu ächzen, zu winseln – um das Ayahuasca dann zu erbrechen. Der Schamane, der selbst auch die braune Brühe getrunken hat, singt eine zweite Melodie. Immer wieder greift er zu seiner Tabakpfeife und pustet Rauch auf seine Patienten, öffnet damit deren geistige Dimensionen. Ein dritter Heilgesang beendet das Ritual. Währenddessen und danach erleben die Teilnehmer tiefgehende Reisen ins Unterbewusste, in die Kindheit, in die Vorleben, in die verborgenen Sphären des Lebens.

»Als ich Ayahuasca nahm, war es, als könnte ich meinen Körper scannen. Ich erbrach mich und gab all das heraus, was mich belastete. Für mich ist klar, dass dieser Pflanze eine Intelligenz innewohnt«, sagt der New Yorker Journalist Daniel Pinchbeck, der in

Südamerika die Wirkkräfte des sagenumwobenen Tranks für seinen Bestseller »Den Kopf aufbrechen« erforschte.[1] Der amerikanische Psychiatrie-Dozent Dr. Charles Grob konnte in vielen Jahren seiner Beschäftigung mit Ayahuasca beobachten: »Die nachhaltigste Wirkung von Ayahuasca ist, Menschen dazu zu veranlassen, auf Dinge zu blicken, auf die sie nie geblickt hätten, um anschließend ihr Leben zu ändern.«[2]

Das Gebräu, das aus den tagelang gekochten Extrakten der Ayahuasca-Liane (harmalinhaltig) und den Chacruna-Blättern (DMT-haltig) besteht, hat bewusstseinserweiternde Wirkung und löst Visionen aus. Harmalin hemmt die Ausschüttung eines körpereigenen Enzyms, das normalerweise den psychedelischen Wirkstoff DMT (Dimethyltryptamin) abbaut, bevor er die sogenannte Blut-Hirn-Schranke überwinden und damit ins zentrale Nervensystem eindringen kann. Erst die Kombination der Wirkstoffe aus Ayahuasca und Chacruna machen den Trank so begehrt.

Einen wahren Boom in westlichen Gesellschaften erfuhr der jahrhundertealte Heilkult aus der Amazonasregion lange nach den Selbstversuchen von William S. Burroughs und Alan Ginsberg in den Sechzigern. Um das Jahr 2010 herum waren es vor allen Dingen US-Amerikaner, die mit dem Psychedelikum experimentierten, befeuert von prominenten Ayahuasca-Fans wie Sting, Paul Simon und Tori Amos. Es kam zu wahren Pilgerströmen in die südamerikanischen Urwälder. In New York unternahmen täglich Ayahuasca-Gruppen Heilreisen in geistige Tiefen, getrieben von der Hoffnung, endlich Lösungsimpulse für die bohrenden Dauerprobleme zu bekommen.

In Zeiten des seelischen Ausverkaufs erlangte etwas Popularität, was heute, 20 Jahre in die Zukunft gedacht, zum Standard-Therapeutikum in Krisensituationen geworden ist. Ayahuasca bekommt man in jeder Großstadt. Angeleitete Ayahuasca-Sitzungen mit anschließender psychologischer Betreuung sind so normal wie Zahnarztbesuche. Und alles ist legal. Ayahuasca gilt nicht als Droge. Es macht nicht süchtig. Im Gegenteil, es hilft nachweislich dabei, Süchte aufzulösen. Auch wenn durch einige negative Anekdoten immer wieder versucht worden war, gegenüber diesem faulig riechenden Tee aus den südamerikanischen Urwäldern Angst zu schüren, konnte Ayahuasca seinen Weg in die westlichen Therapieräume finden. Weil auch immer mehr Studien belegen konnten, dass dessen kontrollierte Einnahme ungeahnte Heilerfolge mit sich brachte. Der amerikanische Ethnobotaniker Dennis McKanna nimmt und erforscht Ayahuasca seit den Achtzigerjahren. »Wir haben mit Ayahuasca offensichtlich eine Medizin gefunden, die dafür sorgt, dass das bei Alkoholismus und Depressionen typische Defizit an Serotonin-Transmittern aufgelöst wird. Das tut keine andere uns bekannte Medizin. Es gibt einen Zusammenhang zwischen dem Serotonin-Anstieg und den positiven Verhaltensveränderungen«, erklärt er. »Wenn wir das Beste aus dem Schamanismus und das Beste aus der Psychotherapie zusammenbringen, können wir ein neues Heilparadigma schaffen und das Feld der Psychiatrie revolutionieren!«[3]

Der Siegeszug des Ayahuasca beschreibt nur den Anfang einer neuen medizinischen Zeitrechnung. Ein Tabu ist gebrochen. Viele andere schamanische Rituale und psychoaktive Substanzen aus der Natur gehören heute zum Portfolio westlicher Heilberufe. Immer weniger chemische Produkte aus den Labors der großen Pharmakonzerne werden verschrieben, weil plötzlich die vergessenen Rezepturen anderer Kulturen sowie unserer ebenfalls schamanisch praktizierenden Ahnen eine Chance bekommen. Besonders die in den vergangenen Jahrzehnten stetig anwachsende Zahl von Angst- und Suchterkrankungen konnte erst gebremst, dann drastisch gesenkt werden. Weil genau die Traumata und Abgründe sichtbar gemacht wurden, aus denen heraus Angst und Sucht entstanden waren (siehe auch Utopie 38). »Arbeiten wir mit den heiligen Pflanzen der alten Kulturen, sind wir in der Lage, wertvolles Wissen über unser Wesen und das Wesen des Universums zu bekommen«, sagt Ayahuasca-Pionier Daniel Pinchbeck. »Alle alten Kulturen haben Pflanzen verwendet, um sich selbst besser kennenzulernen und im Einklang mit der Natur zu leben. Ich glaube nicht, dass schamanische Pflanzen für jeden taugen. Ganz sicher aber würden viele Menschen von den Ayahuasca-Wirkstoffen profitieren.«[4]

Nicht nur in die Heilberufe ist der Schamanismus eingezogen. Schon in Schulen und Kindergärten sorgen Kurse, Seminare und Workshops dafür, dass nachfolgende Generationen mit dem lange ignorierten Wissen aufwachsen. Diese Art der Aufklärung hat dafür gesorgt, dass für Kinder und Jugendliche die Existenz geistiger Dimensionen genauso normal ist wie die Existenz der materiellen Seite des Lebens. Der schamanisch arbeitende Manager Tilo Plöger sagt dazu: »Evolution geschieht fast immer in offenen Systemen. In diesen Systemen interagiert und korrespondiert die innere Welt mit der äußeren Welt, die geistig-kognitive mit der materiellen Welt. Die klassischen Modelle der Dualität von Ursache und Wirkung werden ersetzt durch zutiefst mystische Modelle, in denen Systeme offen und kognitiv sind, in denen Geist und Materie zusehends eins sind, in denen Realität aus Erfahrung und Aufmerksamkeit entsteht. Nichts anderes lehrt der Schamanismus seit 20 000 bis 50 000 Jahren. Dass sich westliche Heilberufe den Erfahrungswelten des Schamanismus öffnen werden, ist also kein optionaler, sondern ein logischer und konsequenter Schritt.«

Daniel Pinchbeck ist der Meinung, dass die durch wiederentdeckte schamanische Rituale initiierte Transformation des Einzelnen nur Teil einer dringend notwendigen globalen Transformation sei, um die Menschheit vor der Selbstauslöschung zu bewahren. »Es gibt einen Zusammenhang zwischen innerem und äußerem Fortschritt«, sagt er. »Es kommt darauf an, dass wir unseren westlich-privilegierten Schutzschild aufgeben und uns fragen, ob wir den sinnstiftenden Weg der spirituellen Befreiung gehen wollen. Eigentlich gibt es kein glaubwürdiges Argument, das unserer Zivilisation erlauben würde, den bisherigen Weg des Materialismus länger weiterzugehen.«[5]

TELL DIR VOR, ...

... SONNTAG IST
TATSÄCHLICH RUHETAG!

Als England im August 1914 Deutschland den Krieg erklärte, hatte man auf der Insel vorgesorgt. Um die Rüstungsindustrie zu befeuern, war kurzerhand per Dekret der Sonntag abgeschafft worden. Mit einer unbarmherzigen Siebentagewoche wollte man das Waffenarsenal des Empire aufstocken und so die Chancen des Gegners in Grenzen halten. Doch schon nach wenigen Wochen verabschiedete man sich wieder von der neuen Regelung. Die Waffenproduktion war wider Erwarten gefallen statt gestiegen, der Anteil fehlerhafter Ausschussware wurde größer, und in den Betrieben kam es plötzlich zu Protesten. »Es hat sich damals nicht gerechnet. Und es wird sich in Zukunft auch nicht rechnen«, resümiert Karlheinz Geissler, emeritierter Professor für Wirtschaftspädagogik und Verfechter des Entschleunigungsgedankens.[1]

Auch darum bleibt Deutschlands meistbesuchte Einkaufsmeile mittlerweile jeden Sonntag gähnend leer. Wo sich sonst zu Spitzenzeiten 15 000 Menschen pro Stunde hindurchschieben, um zwischendurch links und rechts in eines der Warenhäuser zu verschwinden, geben nur einige wenige Straßenmusikanten vor ein paar Touristen ihr Bestes. Aus der Kölner Schildergasse ist eine »beruhigte Zone« geworden, zumindest für einen Tag in der Woche. Auch andere Konsumpisten wie die Neuhauser Straße in München, die Mönckebergstraße in Hamburg, die Frankfurter Zeil oder der Kurfürstendamm in Berlin liegen zwischen Samstag und Montag brach. Selbst zur Adventszeit. Stattdessen Kleinkunst oder eben – Stille.

47.

Mit dem Entschluss, den die Kirchen mit der Politik aushandeln konnten, war der Aufstand des Einzelhandels vorprogrammiert. Durften Kölner Geschäfte 2013 sonntags noch elf Mal öffnen, kann deren Personal jetzt einige entspannte Ruhetage mehr einlegen. Der Berliner Einzelhandel hat von acht verkaufsoffenen Sonntagen in 2014 auf null herunterfahren müssen. Ausnahmeregelungen gibt es nur für die Anbieter von Nahrungsmitteln an Flughäfen, Bahnhöfen und Raststätten. »Ohne die verkaufsoffenen Sonntage bricht der Umsatz um bis zu zehn Prozent ein!«, agitierten Verbandsvertreter. »Sie sorgen für ein neues Sterben in den Innenstädten!« In Zeiten der Katastrophen hilft den Maßlosen nur das Szenario einer weiteren, am besten noch größeren Katastrophe. Natürlich hat sich das Szenario als Bluff herausgestellt.

Nicht nur, dass die Statistiken als nette Nebeneffekte weniger Unfälle und weniger Emissionen ausweisen. Die Deklaration »Sonntag Ruhetag«, die der Bundespräsident in einer Fernsehansprache verkündete und erklärte, hat vor allem der Seelenlage im Land geholfen. Denn um die war es bei der Initiative gegangen. Ärzte-, Psychologen- und Lehrerverbände hatten Alarm geschlagen, nachdem die Anzahl psychisch kranker Menschen – vom Schüler bis hin zum leitenden Angestellten – dramatische Höhen erreicht hatte. Schon 2013 galten vier Millionen Kinder und Jugendliche als psychisch krank.[2] Im gleichen Jahr war die Zahl der Krankschreibungen wegen psychischer Leiden und durch Stress ausgelöster Infektionskrankheiten auf einen neuen Rekordstand geklettert.[3] Die sogenannte Work-Life-Balance, so Experten, sei völlig aus dem Gleichgewicht geraten (siehe auch Utopie 41). »Der Sonntag ist die klassische Form des Dazwischen, die Dehnungsfuge sozusagen, die jedes Gebäude zur Stabilisierung braucht«, warnte damals Karlheinz Geißler. »Wenn wir diese Dehnungsfuge wegmachen, stürzt das Gebäude ein. Das heißt: Unsere Zeitstruktur stürzt ein. Und das hat böse Folgen.«[4]

Die Kirchen hatten zuerst darauf reagiert und mit der Politik das Gespräch gesucht. Die Argumentationslinie: Wenn Unternehmen wie Bildungseinrichtungen schon nicht in der Lage sind, das Hamsterrad, in dem sie ihre Schutzbefohlenen laufen lassen, ein paar Stufen langsamer zu schalten, dann muss an den wenigen Tagen, an denen klassischerweise »frei« ist, zur konsequenten Entschleunigung aufgerufen werden. Sonntag muss wieder totaler Ruhetag sein! Auch im Privaten!

Nun lassen sich Geschäftszeiten gesetzlich regeln, privates Verhalten nicht unbedingt. Regierung und Kirchen einigten sich daher auch auf eine multimediale Kampagne, die für den sonntäglichen Stillstand wirbt. Denn, so die Initiatoren, gehe es nicht nur darum, am letzten Tag der Woche das Auto stehenzulassen und kein Geld mehr auszugeben, sondern wortwörtlich zur Ruhe zu kommen, idealerweise ein ganzes Wochenend-Sabbatical einzulegen, den dauerhaft strömenden Input von Reizen abzustellen, Ablenkungsapparate wie Computer, Smartphones, Fernsehen oder Radio konsequent nicht zu benutzen. Trendforscher wie der Hamburger Peter Wippermann unterstützten die Kampagne, indem sie für die Notwendigkeit eines »Digital Detox« warben, einer Entgiftungskur von digitalen Abhängigkeiten. Bei der Versklavung durch Arbeit und Technik machte der Appell aber nicht halt. Er empfahl, auch die unzähligen Sonntagsverabredungen auf ein Minimum zu reduzieren. Für sich sein. Mit sich sein. Wenige Gedanken. Kein Stress. Nur Stille. Nur atmen. Sich spüren. Und dabei darauf achten, welche Inspirationen und Ideen in den Momenten der Kontemplation plötzlich heraufgespült werden. Möglicherweise werden es genau die Themen sein, denen man sich wirklich widmen sollte, die zur wahren Bestimmung und damit zum eigenen Seelenheil führen (siehe auch Utopie 50). Was hätte sich Friedrich Nietzsche über die Initiative gefreut! Hatte er doch schon 1878 erkannt und gefordert: »Aus Mangel an Ruhe läuft unsere Zivilisation in eine neue Barbarei aus. Zu keiner Zeit haben die Tätigen, das heißt die Ruhelosen, mehr gegolten. Es gehört deshalb zu den notwendigen Korrekturen, welche man am Charakter der Menschheit vornehmen muss, das beschauliche Element in großem Maße zu verstärken.«[5]

Besonders ein TV-Spot aus der Ruhetagskampagne ist den Menschen nachhaltig in Erinnerung geblieben: Am Anfang eine lärmen-

47.

de Kakophonie aus Geräuschen, Stimmen, Klängen. Ein totales, kaum zu ertragendes Durcheinander. Dazu schnelle Bildschnitte. Ein lebensfeindlicher Strudel von Filmsequenzen, Farben, Mustern. Nach und nach werden prominente Protagonisten aus dem Strudel herausgeschleudert. Joachim Gauck, der das plärrende Musikkorps der Bundeswehr vor Schloss Bellevue einfach stehen lässt und sich in den Park verdrückt. Sebastian Vettel, der rechts ran fährt, seinen krachend lauten Rennwagen abstellt und aussteigt. Stefan Raab, der sich dem Gejohle seines Publikums entzieht, indem er hinter die Bühne geht. Judith Rakers, die mitten im Satz das Nachrichtenstudio verlässt. Sigmar Gabriel, der erst seine zwei Handys, dann seinen Computer ausschaltet. Die Kakophonie verringert sich, die Bilder werden langsamer. Am Ende klingt nur noch Chopins elegisch meditative Nocturne in Es-Dur. Und selbst die wird ausgeschaltet, von Startenor Rolando Villazón, der sich anschließend auf sein Sofa setzt und zufrieden die Augen schließt.

Ein Jahr nach dem Ruhetagsgesetz und der Kampagne können die Warner und Mahner keine endgültige Entwarnung geben. Aber alle Umfragen und Statistiken zeugen eindeutig von einer Verbesserung der seelischen Situation der Menschen. Und noch zwei ungeahnte Konsequenzen haben das Land verändert: Wer hätte gedacht, dass sich die Kirchen wieder füllen! Gottesdienste, Messen, Andachten und Meditationen gehören plötzlich wieder zum Sonntagsritual der Menschen. Und: Es werden wieder mehr Kinder geboren, da man sich sonntags anscheinend wieder die Zeit nimmt, einander zuzuwenden. Warb das Alte Testament doch nicht nur dafür, am siebten Tage zu pausieren. Im Zweiten Buch Mose steht noch ein anderer Imperativ für den wöchentlichen Feiertag: »Sechs Tage sollst du deine Arbeit tun; aber des siebten Tages sollst du feiern, auf dass dein Ochs und Esel ruhen und deiner Magd Sohn und der Fremdling sich erquicken.«

STELL DIR VOR, ...

... WIR SCHMELZEN ALLE FILMPREISE EIN!

Für einige Hundert Menschen in Hollywood war die Entscheidung sicher schmerzhaft, der Rest der Welt applaudierte. Die Oscar-Verleihung, über 90 Jahre hinweg Highlight im Kalender der amerikanischen Filmbranche, gibt es nicht mehr. Zumindest nicht mehr in Form einer millionenteuren und im Fernsehen übertragenen Supershow. Die Trophäen überreicht man sich heute fast informell in einem Büroraum am Sunset Boulevard. Ein Foto und gut ist. Die Einstellung des größten aller Festakte war der Schlusspunkt eines weltweiten Award-Stopps.

Schon Jahre zuvor hatte sich angedeutet, dass Preisverleihungen die Massen nicht mehr erreichen. Stars, Glamour, roter Teppich, immer weniger Leute interessierten sich dafür. Die Einschaltquoten im Fernsehen rasten Mal für Mal immer tiefer in den Keller, während die Kosten für die verzweifelt aufgeblasenen Events immer größer wurden. In Deutschland machte der Fernsehpreis den Anfang, der 2015 zum letzten Mal auf großer Bühne verliehen wurde. Dann starb die Goldene Kamera, danach der Bambi. Die Liebe der Menschen zum Film und die Faszination großer schauspielerischer Leistungen war ungebrochen, aber kaum einer wollte die stundenlange Selbstbeweihräucherung einer artifiziellen Branche mehr ertragen müssen – geschweige denn durch seine Rundfunkgeführen mitfinanzieren. Rote-Teppich-Veranstaltungen schienen nur noch wie aus der Zeit gefallen. Karl Lagerfeld gab dazu 2014 folgende Provokation zu Protokoll: »Der Red Carpet wird langsam langweilig. Da werden auf Festivals Filme gezeigt über Menschen, die unter schwierigsten Bedingungen leben, vergewaltigte Dorfmädchen und das alles, und dann posieren die Frauen auf dem roten Teppich in Fishtail-Kleidern wie die Edelnutten.«[1]

Die letzte Oscar-Verleihung ging in die Geschichte ein. Nicht weil es die letzte war und alle noch lebenden Oscar-Gewinner zu einem Gruppenbild zusammenkommen durften. Sondern weil Leonardo DiCaprio auf der Bühne des Dolby Theatres in Los Angeles den Staffelstab an die Initiatoren des Mankind Awards weitergab. Der Mankind Award ersetzte alle anderen Preisverleihungen der beteiligten Nationen und zeichnet seitdem Menschen aus, die sich mit ihrem Einsatz und ihren Erfindungen um die Menschheit verdient gemacht beziehungsweise visionäre Ideen entwickelt haben, die es wert sind, gefördert zu werden. Stars sind dabei trotzdem auf der Bühne. Aber sie stehen nicht mehr im Mittelpunkt. Sie laudatieren maximal denjenigen, denen für ihr Engagement gedankt wird – nicht bloß mit Trophäen, sondern mit Preisgeldern in Millionenhöhe.

Einer, der den Sinn und Zweck von derartigen Innovationsbeschleunigern bereits 1995 verstanden und umgesetzt hat, ist Peter Diamandis. Seitdem lobt der Amerikaner jährlich den X Prize aus, einen Technologie-Award, um die vielen klugen Köpfe auf diesem Planeten dazu zu animieren, nicht allzu träge zu werden. »Die Menschen sind genetisch so veranlagt, dass sie konkurrieren – um einen Partner, im Sport, bei der Arbeit«, erklärt Ingenieur Diamandis. »Wettbewerbe mit einem Anreiz zwingen die Menschen, unter vorgegebenen Rahmenbedingungen ein klares Ziel zu verfolgen. Wenn Menschen ohne Einschränkungen nachdenken, werden sie bequem. Dann nutzen sie alle verfügbaren Ressourcen, Zeit und Geld, und spielen auf Sicherheit, wollen keine Risiken eingehen. Engt man das Problem hingegen zeitlich oder finanziell ein, sagen zwar viele ›das geht nicht‹ und steigen aus. Diejenigen, die aber sagen ›Okay, ich versuche es trotzdem‹, müssen sich ihren Kopf darüber zerbrechen, wie sie das Problem lösen könnten. Sie sind plötzlich gezwungen, es ganz anders zu betrachten. Das ist zwar hochriskant. Aber in Wettbewerben, in denen der Sieger alles abräumt, gehen Menschen größere Risiken ein. Sind genug Konkurrenten dabei, vollbringen die Erfolgreichen gezwungenermaßen etwas Neues.«[2]

Peter Diamandis machte selbst in den vergangenen Jahren mit utopischen Plänen von sich reden, indem er sein Vorhaben offenbarte, ins All aufbrechen zu wollen (siehe auch Utopie 49). Er versichert, dass er mit dem X Prize philantropische Absichten verfolge. Den Award verleiht er in verschiedenen Disziplinen, dem Sieger winken Millionensummen. »Es geht nicht darum, eine Welt des Überflusses zu erschaffen«, sagt er. »Es geht nicht um Durchbrüche, die ein Luxusleben ermöglichen, sondern um solche, die sieben Milliarden Menschen ein Leben voller Chancen eröffnen. Die ihre Grundbedürfnisse nach Trinkwasser, Nahrung, Energie und Gesundheit befriedigen. Es geht darum, die ganz großen Probleme zu lösen. Probleme, die Milliarden Menschen betreffen und innerhalb von zehn Jahren gelöst werden könnten, wenn sich einige Menschen auf sie konzentrieren würden.«[3]

Für seinen X Prize hatte Peter Diamandis eine historische Inspirationsquelle. Vorlage ist der mit 25 000 Dollar dotierte Orteig-Preis, der 1919 vom New Yorker Hotelbesitzer Raymond Orteig ausgelobt wurde. Das Geld sollte derjenige bekommen, der es als erstes schaffte, ohne Zwischenlandung 5800 Kilometer von New York nach Paris (beziehungsweise von Paris nach New York) zu fliegen. Bekannterweise gelang das Charles Lindbergh acht Jahre später in 33,5 Stunden mit seiner neunzylindrigen und 223 PS starken Propellermaschine »Spirit of St. Louis«. Er war einer von neun Wettbewerbern, die von dem Preisgeld gelockt worden waren.

STELL DIR VOR, ...

... WIR FÖRDERN ROHSTOFFE IM ALL!

Die Euphorie in der Kommandozentrale ist gigantisch, als das unbemannte Raumschiff Lasso 1.0 den Asteroiden 3554 Amun erfolgreich ins Schlepptau nimmt und Richtung Erde zieht. Gigantische Euphorie, weil mal wieder demonstriert werden konnte, zu was der Mensch in der Lage ist. Gigantische Euphorie vor allem aber deswegen, weil mit 3554 Amun ein unfassbares Vermögen eingefangen wurde und ganz nebenbei eines der größten Menschheitsprobleme würde beseitigt werden können – die chronische Ressourcenknappheit. Denn auf dem bereits 1986 entdeckten und zweieinhalb Kilometer mächtigen Asteroiden wird nach den Berechnungen des Planetenforschers John S. Lewis ein Platinvorkommen im Wert von acht Billiarden Dollar vermutet, genauso viel wert sein soll der Bestand von Eisen und Nickel, weitere sechs Billiarden soll der Abbau der dortigen Kobaltreserven bringen.[1]

Es dauert wenige Tage, dann ist 3554 Amun in die Umlaufbahn des Mondes gezogen worden. Dort warten bereits fliegende Bergwerke, die zuvor von der jüngsten Generation an 3-D-Druckern im Orbit gegossen und ferngesteuert von der Erde per Roboter konstruiert wurden.[2] Der Abbau der sehnlichst erwarteten Edelmetalle kann beginnen. Und 3554 Amun ist erst der Anfang. Zehntausende erdnahe Asteroiden sind inzwischen entdeckt worden. Tausende sind weitaus leichter zu erreichen als der Mond. Und denkt man an den ersten eingefangenen Asteroiden, der kostbares H_2O mit sich trägt, das man entweder als Trinkwasser oder als Treibstoff verwenden könnte, kann man schon mal vorab in Jubel ausbrechen.

Über die Vorstellung vom kosmischen Bergbau wurde nachweislich erstmals Ende des 19. Jahrhunderts sinniert. Damals war Garrett P. Serviss der Star unter den amerikanischen Wissenschaftsjournalisten. Er studierte Astronomie an der Cornell University in Ithaca, fand aber seine Berufung in der Schriftstellerei. Er stieg nicht nur zum gefeierten Kolumnisten der New York Sun auf, sondern machte auch als eifriger Buchautor von sich reden. Serviss beherrschte die Kunst, einerseits komplizierte astronomische Phänomene besonders gut zu vermitteln, andererseits äußerst fantasiereiche Science-Fiction-Romane zu verfassen. 1898 veröffentlichte der Astronom einen Weltraumthriller, der heute als erste literarische Quelle für die Idee des »Asteroid Minings« gilt. In »Edison's Conquest of Mars«[3] lässt Serviss den uns heute als der Erfinder der Glühbirne bekannten Physiker Thomas Edison zusammen mit Wilhelm Conrad Röntgen und anderen Forscherkollegen sowie Regenten wie US-Präsident William McKinley, Queen Victoria und Kaiser Wilhelm II. auf den Mars fliegen, um die feindseligen Marsianer mit Waffengewalt in die Schranken zu weisen. Bei ihrem Feldzug stoßen sie auf einen Asteroiden aus purem Gold, auf dem die Marsbewohner Tagebau betreiben. Mit diesem kleinen Schlenker in der Handlung nährte Serviss erstmals die Hypothese, dass der Abbau von Rohstoffen auf fernen Himmelskörpern vielleicht irgendwann möglich sein könnte.

1986 brachte US-Regisseur James Cameron Serviss' Gedanken in seinem E.T.-Klassiker »Aliens« dem Kinopublikum in Erinnerung. 23 Jahre später tat er das noch einmal mit seinem Science-Fiction-Epos »Avatar«. Darin bricht die Menschheit im Jahr 2154 ins All auf, um Rohstoffe zu finden und abzubauen, da die Ressourcen auf der Erde endgültig ausgebeutet wurden. Das Unternehmen, das diese Mission durchführt, nannte Cameron, der auch das Drehbuch schrieb, »Resources Development Administration«. Drei Jahre nach »Avatar« verblüffte James Cameron, als bekannt wurde, dass er auch in Wirklichkeit eine Firma namens »Planetary Resources« finanziell unterstützt, ein Start-up, das sich zum Ziel gesetzt hat, im All auf Rohstoffjagd zu gehen. Hinter Planetary Resources steckt der amerikanische Luftfahrtingenieur Peter Diamandis. Er sagt: »Seit meiner Kindheit habe ich von Asteroid-Bergwerken geträumt. Ich will einen Goldrausch entfachen.«[4]

Diamandis will mit der ersten Mission bereits vor 2020 beginnen. Die soll in einem Drei-Phasen-Modell ablaufen. Zuerst wird eine privat finanzierte Hochleistungssonde gezielt nach Asteroiden Ausschau halten, diese dann anfliegen und im Fly-by-Modus Daten über Flugeigenschaften und Zusammensetzung sammeln. Die vielen Asteroiden, die für diese Missionen infrage kommen, nennt Peter Diamandis die »tief hängenden Früchte des Sonnensystems«. Phase zwei ist wohl der schwierigste Schritt. Die Asteroiden werden von einem Raumschlepper eingefangen und in die Umlaufbahn des Mondes gezogen. Die Pläne dafür seien bereits zusammen mit der NASA ausgearbeitet worden, heißt es bei Planetary Resources. Geschätzte Kosten fürs Abschleppen eines 30 Kilometer langen Trümmers: rund eine Milliarde Dollar. Phase drei ist nicht weniger kompliziert: die Gewinnung der Bodenschätze und deren Transport zur Erde. Wie das exakt funktionieren soll, weiß man angeblich bei Planetary Resources, man spricht aber nicht darüber.

Zu was soll nun das ganze Platin taugen, das von einem der kosmischen Brocken auf die Erde kommen soll? Der erste Nutzen: Die Erde müsste von ihren allzu tatkräftigen Konzernen nicht mehr auf links gedreht, sondern könnte in Ruhe gelassen werden. Der Raubbau hätte ein Ende. Die Atmosphäre müsste weniger Emissionen verkraften. Die Zeit der Sklavenarbeit wäre vorbei. Von den plötzlichen und schier unerschöpflichen Ressourcen aus dem All würden unmittelbar Forschung und Industrie profitieren, vor allem Computer- und Batterietechnik könnten mit einem Innovationsschub rechnen. Die Fülle an Edelmetallen würde außerdem dafür sorgen, dass die Preise sinken und die elektronischen Geräte billiger werden.

Blickt man auf die Rohstoffsituation zu Beginn des dritten Jahrtausends, scheint die Menschheit um den Weg ins All nicht herumzukommen. 2010 kam die EU doch erstmals auf die Idee, durch eine Expertengruppe analysieren zu lassen, wie gefährdet die Versorgung mit bestimmten Mineralien und Metallen ist. Mit Blick auf die sich steigernde Nachfrage und das weltweit sehr ungleich verteilte Vorkommen einzelner Ressourcen wurden von 41 Rohstoffen 14 als kritisch eingestuft, darunter Antimon, das man für Mikrokondensatoren braucht, Indium (Bildschirme, Photovoltaikmodule) und Platine (Brennstoffzellen, Katalysatoren, Meerwasserentsalzung).[5]

Zieht man in Betracht, dass sich die Kämpfe um andere schwindende Güter wie Wasser und Energie ebenso ausweiten und möglicherweise – so befürchten Experten – Kriege verursachen könnten, sind die Gedankenkonstrukte von Garrett P. Serviss, James Cameron und Peter Diamandis vor allem eines: Baupläne für Friedensmissionen.

STELL DIR VOR, ...

... WIR VERTRÄUMEN UNSERE ZEIT!

Denken wir uns einige Jahre zurück. Und denken wir uns in eine U-Bahn hinein oder in einen Bus. Da sitzt uns dieses Mädchen gegenüber. Es verzieht keine Miene. Manchmal, meint man, es würde lächeln. Aber eigentlich starrt es einfach nur ins Leere. Ohne Musikstöpsel im Ohr, ohne Smartphone, ohne Tablet, ohne Buch, ohne sonstwas. Es glotzt einfach nur. Ja, ist die denn irre? Und wenn nicht irre, dann zumindest seltsam! Wir waren so an all die elektrischen Ablenker gewöhnt, dass uns Menschen, die einfach nur guckten, während sie sich im Geiste wegträumten, komisch vorkamen.

Nun gucken, starren, glotzen, träumen wir alle, als sei es das Normalste von der Welt. Wir zerstreuen uns nicht mehr mit

Sounds, Apps, Games und Books, sondern mit nichts weiter als unseren Gedanken. Wir lassen sie frei fließen, während wir im Bus sitzen, springen mit ihnen vom Blumenhändler, dem da draußen die Tulpen umgekippt sind, auf die weiten Wiesen unserer Kindheit und in den Geruch frisch gemähten Grases, tauchen ab in die Molekularstruktur eines Halms, erfreuen uns an seiner schlichten Schönheit, von dort geht es zu Großvaters Soldatengeschichten von der Krim, um uns dann einen halbnackten Putin vorzustellen, der beim Angeln in russischen Stromschnellen leider nichts fängt. Schon sind wir bei einer Eisbärenfamilie am Nordpol, reiben uns dann in einem Nachtclub in Reykjavik an einer betrunkenen Isländerin, denken kurz ans schallende Lachen des Freundes, mit dem man längst einen Islandtrip hätte machen wollen, schießen dann hoch ins All und sehen die Erde klein und verletzlich in der Schwärze schweben, stellen uns vor, dass die Grenzen, die man von hier oben nicht mal erahnt, auch dort unten nicht existieren würden, erinnern uns daran, dass auf diesem blauen Planeten alle fünf Sekunden ein Kind an Unterernährung stirbt, gerade über 400 Konflikte, Krisen und Kriege über die Bühne gehen und gleichzeitig immer irgendwo der lächerliche Einschlag eines lächerlichen Balls in ein lächerliches Tor bejubelt wird. Und dann fragt man sich, ob sich Außerirdische über das monströse Schauspiel der Menschheit totlachen oder längst weitergezogen sind, weil sie meinen, dass denen da unten eh nicht mehr zu helfen ist. Die Gedanken gleiten vors Dakota Building in New York, hinein in den späten Abend des 8. Dezember 1980. Im Schatten des Eingangs steht dieser Nerd mit der großen Brille, in der Hand hält er Salingers »Der Fänger im Roggen«. Soll man ihm gleich eine ins Maul hauen oder es erst einmal damit versuchen, ihn abzulenken, damit er gleich nicht seinen Revolver in den Rücken von John Lennon entleert. Wir schaffen das Unmögliche. Lennon lebt. Er wird zum 45. Präsidenten der Vereinigten Staaten von Amerika gewählt. First Lady: Yoko Ono. Paul McCartney kommt ab und zu auf einen Jam ins Weiße Haus. Die USA sind keine Weltmacht mehr, das wollen sie auch gar nicht sein. Plötzlich fließt das kalte klare Wasser des sich durch die tiefen Schluchten des Zion National Parks schlängelnden Virgin Rivers um die Füße, während bunte Schmetterlinge aufgeregt um unseren Kopf flattern.

Und dann ist der Tagtraum zu Ende. Fahrkartenkontrolle. Der ganze Trip dauerte nicht mal eine Minute. »Mind-wandering« nennt der New Yorker Psychologieprofessor Scott Barry Kaufman das Tagträumen – und er hält große Stücke darauf. »Es kann zu signifikanten Veränderungen in der Persönlichkeitsstruktur führen«, hat er in verschiedenen Studien herausgefunden.[1] Dazu gehörten eine verbesserte Selbstwahrnehmung, die Steigerung der kreativen Leistung, eine stärkere Erinnerungsfähigkeit, das Entwickeln zielgerichteter Gedanken, eine klarere Zukunftsplanung, das plötzliche Auftauchen uralter Erinnerungen, die tiefere Einsicht in die Bedeutung von Begegnungen und Erfahrungen, ein intensiveres Sich-Einfühlen in die Position von Mitmenschen, das bessere Einschätzen emotionaler Reaktionen und das konsequentere Hinterfragen von Moral. »Es geht in den Momenten des Mind-wanderings nicht allein um bloße Zerstreuung«, sagt Kaufman. »Es geht auch darum, sich das Staunen über und die Begeisterung für die Welt zu erhalten und offen zu sein für alles, was einem in seiner äußeren Umwelt als auch in dem inneren Strom des Bewusstseins begegnet.«[2]

Als erst einmal das Vorurteil gebrochen war, Tagträumer seien entweder derangiert oder stinkefaul, konnte sich das Daydreaming zu einem gesellschaftlichen Megatrend entwickeln, vergleichbar vielleicht mit dem Sturm und Drang zu Goethes Zeiten. Überall sitzen heute Menschen herum, junge wie alte, und stieren vergnügt in die Gegend. Es werden eine Menge neuer Ideen geboren und über die entsprechenden medialen Plattformen kommuniziert. Die Menschheit sieht sich in einem Strudel aus Erkenntnis, die uns viele der als unlösbar angenommenen Probleme umdenken und lösen lässt. Die bisherigen Bewahrer alter Anschauungen wurden von einem Tsunami aus Einfällen, Eingebungen und Einsichten überrollt.

»Daydreaming gibt uns die Möglichkeit, in den inneren Strom des Bewusstseins einzutauchen, persönlich den Weltenlauf zu reflektieren und uns die Zukunft vorzustellen«, sagt Psychologe Kaufman. »Diese Art von spontaner Innenschau kann uns helfen,

Antworten auf die großen Fragen des Lebens zu finden. Jüngste Forschungsarbeiten über unsere Vorstellungskraft zeigen, dass wir, wenn wir immer nur im Moment leben, wichtige Verbindungen zwischen unserer eigenen Gedankenwelt und der Welt da draußen verpassen. Kreativität entsteht aber immer an den Schnittstellen zwischen innerem und äußerem Kosmos.«[3]

Stellt man Kaufmans Appell zum Tagträumen ins Licht eines bahnbrechenden Experiments des Quantenphysikers Paul Davies, öffnen sich noch ganz andere Zukunftsperspektiven. Der Brite führte 1990 ein Experiment zur Bestimmung des Elektronenspins durch – und wies damit mal eben den sogenannten Beobachtereffekt nach, eines der Grundgesetze der Quantenphysik. Beobachtereffekt meint, dass die Intention eines Menschen – also auch die Absicht eines Forschers – direkten Einfluss auf die Realität hat beziehungsweise auf den Ausgang des Versuchs. So bemerkte Davies, dass sich die Elektronen vor Versuchsbeginn nicht wie vermutet ungeordnet verhielten, sondern sie bereits die Drehrichtung (links oder rechts) hatten, in die er sie durch den Versuch erst versetzen wollte. Er schloss daraus, dass das menschliche Bewusstsein in der Lage ist, Information zu erzeugen und damit die innersten Bestandteile der Materie zu beeinflussen – und damit Materie selbst. Sobald also ein denkender Mensch aktiver Teil eines Systems wird, verändert er zwangsläufig die Wirklichkeit innerhalb dieses Systems (siehe auch Utopie 5).

Folgt man dieser Erkenntnis, wäre die Welt tatsächlich so, wie wir sie uns all die Jahre gedacht haben. Das bedeutete auch, dass die Welt so sein kann, wie wir sie uns idealerweise vorstellen. Dieser Mechanismus setzt automatisch jeden Menschen in die Verantwortung, sein kreatives schöpferisches Bewusstsein einzusetzen – und widerlegt diejenigen, die meinen, sie könnten als Einzelperson sowieso nichts ausrichten. »Ich glaube, sobald die Menschen Frieden in der Welt wollen, können sie ihn haben«, sagte John Lennon, als er 1969 im Bett für den Frieden warb. »Das Problem ist, sie sind sich nicht bewusst, dass sie ihn bekommen können.«[4]

»You may say I'm a dreamer, but I'm not the only one«
JOHN LENNON – »IMAGINE«, 1971

für
john henry

QUELLENVERZEICHNIS

VORWORT

[1] Ahmed, Nafeez: »Nasa-funded study: industrial civilisation headed for ›irreversible collapse‹?«, in: theguardian.com am 14.3.2014.
[2] Siehe 1.
[3] Connor, Steve: »Stephen Hawking's on the team – but why no Bruce Willis?«, in: theindependent.co.uk am 12.9.2013.

1. STELL DIR VOR, WIR KÖNNEN UNS GIFTFREI ERNÄHREN!

[1] Robin, Marie-Monique: »Unser täglich Gift«, Arte 2010.
[2] Siehe 1.
[3] Siehe 1.
[4] N. N.: »Krebserkrankungen steigen weltweit drastisch an«, in: zeit.de am 3.2.2014.
[5] Kwasniewski, Nicolai: »Lebensmittellobbyist Minhoff: ›Wir können nicht die Welt retten‹, in: Spiegel Online am 26.1.2014.

2. STELL DIR VOR, DIE MENSCHEN FLIEHEN WIEDER AUFS LAND!

[1] Paech, Niko: »Wachstumsdämmerung«, in: Oya 7/2011.

3. STELL DIR VOR, ES GIBT KEIN GELD!

[1] Alexopoulos, Joseph: »A mad economy«, Vortrag beim Zeitgeist Day 2012, Los Angeles.

4. STELL DIR VOR, ES HAT EINE MENSCHHEIT VOR DER MENSCHHEIT GEGEBEN!

[1] Tsoukalos, Giorgios: »Ancient Aliens – Unerklärliche Phänomene«, Staffel 2, History Channel, 2010.
[2] Siehe 1.

5. STELL DIR VOR, WIR KÖNNEN MIT LIEBE HEILEN!

[1] Häusler, Martin: »Fürchtet euch nicht! Die Vertreibung der deutschen Angst«, Scorpio Verlag, München 2011.

[2] N. N.: »Interview mit Prof. Dr. Waldemar Uhl«, in: »Scobel« (3sat) am 28.1.2014.

[3] Lipton, Bruce; Bhaerman, Steve: »Spontane Evolution«, Koho-Verlag, Burgrain 2014.

[4] Siehe 3.

[5] Siehe 1.

[6] McGrath, Paul (Hrsg.): »John Lennons & Yoko Onos Give Peace a Chance Bed-In 1969«, LangenMüller, München 2009.

6. STELL DIR VOR, WIR ETABLIEREN EIN PARALLELES INTERNET!

[1] Barlow, John Perry: »Unabhängigkeitserklärung des Cyberspace«, in: heise.de am 18.4.2014.

[2] N.N.: »Wie The Pirate Bay Zensur überwinden will«, in: golem.de am 6.1.2014.

[3] Bonset, Sébastien: »Das alternative Internet nicht nur für die Zombie-Apokalpyse«, in: t3n.de am 21.8.2013.

[4] Stöcker, Christian: »Internetpionier Barlow: ›Jede Cyberwaffe schießt in beide Richtungen‹«, in: Spiegel Online am 4.2.2014.

7. STELL DIR VOR, ES IST WAHL UND ALLE GEHEN HIN!

[1] Schäfer, Armin: »Alles halb so schlimm? Warum eine sinkende Wahlbeteiligung der Demokratie schadet«, Max-Planck-Gesellschaft 2008.

9. STELL DIR VOR, WIR SYNCHRONISIEREN DIE WELT MIT LIEDERN!

[1] McGrath, Paul (Hrsg.): »John Lennons & Yoko Onos Give Peace a Chance Bed-In 1969«, LangenMüller, München 2009.

[2] Seyboldt, Franziska: »Kollektives Rumgemotze«, in: taz.de am 6.6.2008.

[3]   N. N.: »Who ist Roger Nelson?«, in parapsych.org am 10.12.2013.
[4]   De Chardin, Pierre Teilhard: »Evolution – die Schöpfung Gottes«, Matthias Grünewald Verlag, Ostfildern 1996.
[5]   De Chardin, Pierre Teilhard: »Die Erde aufbauen«, in: teilhard-dechardin.nl am 12.4.2014.

10. STELL DIR VOR, JEDE BUNDESTAGSSITZUNG BEGINNT MIT EINEM STÜCK LITERATUR!

[1]   Krüger, Michael: Interview mit Denis Scheck, in: »Druckfrisch« (ARD) vom 15.12.2013.

11. STELL DIR VOR, WIR KÖNNEN IN NOTLAGEN MIT EINER SOZIALWÄHRUNG ZAHLEN!

[1]   Kennedy, Margrit: »Komplementärwährungen zur wirtschaftlichen Lösung sozialer Probleme«, in: Zeitschrift für Sozialökonomie 144/2005.
[2]   Siehe 1.

12. STELL DIR VOR, WIR FÜHREN EINE TOR-ABGABE EIN!

[1]   Häusler, Martin: »Fürchtet euch nicht! Die Vertreibung der deutschen Angst«, Scorpio Verlag, München 2011.

13. STELL DIR VOR, ES GIBT WIRTSCHAFT OHNE WACHSTUM!

[1]   Welzer, Harald: »Zukunftsfähige Beispiele statt Konjunktive«, in: Oya 7/2011.
[2]   Paech, Niko: »Wachstumsdämmerung«, in: Oya 7/2011.
[3]   Böcking, David: »Vielen Dank, dass Sie nicht bei uns kaufen«, in: Spiegel Online am 14.5.2012.
[4]   Siehe 3.

14. STELL DIR VOR, EINE SPENDENVERPFLICHTUNG ERSETZT DIE KIRCHENSTEUER!

[1] Petersen, Dr. Jens: »Die historische Entwicklung der Kirchensteuer«, in: ekd.de/kirchenfinanzen am 30.9.2007.

15. STELL DIR VOR, DIE WELT WIRD VON GRÜNHELMEN KONTROLLIERT!

[1] Schumann, Manuel: »Mit einer Öko-Diktatur kämen wir nicht weiter«, in: www.telepolis.de vom 22.3.2013.

[2] Stehr, Nico; Moldaschl, Manfred: »Wir brauchen keine Ökodiktatur«, in: Die Zeit 6/2013.

16. STELL DIR VOR, WIR LEBEN NACH DER GOLDENEN REGEL!

[1] N. N.: »Feindesliebe«, in: wikipedia.org am 10.4.2014

[2] Siehe 1.

[3] Schiller, Friedrich: »Über die ästhetische Erziehung des Menschen«, Reclam Verlag, Ditzingen 2000.

[4] Siehe 3.

17. STELL DIR VOR, WHISTLEBLOWING WIRD ZUM GLOBALEN HOBBY!

[1] Worth, Mark: »Whistleblowing in Europe«, Transparency International, Berlin 2013.

18. STELL DIR VOR, WIR KOMMEN IN KONTAKT MIT AUSSERIRDISCHER INTELLIGENZ!

[1] Leach, Monte: »Uncovering the big UFO cover-up«, in: Share International 11/1997.

[2] Greer, Steven: »Verborgene Wahrheit – Verbotenes Wissen«, Mosquito Verlag 2007.

[3] N.N.: »Die geheimen Alien-Pläne des Vatikans«, in: PM-Magazin 5/2012.

[4] Valiante, Francesco M.: »L'extraterrestre è mio fratello«, in: L'Osservatore Romano vom 14.5.2008.

[5] N.N.: »Dalai Lama fordert Respekt auch vor intergalaktischen Besuchern«, in: www.grenzwissenschaft-aktuell.de am 20.5.2013.

19. STELL DIR VOR, PARLAMENTARIER WERDEN VON MENTALCOACHS BETREUT!

[1] Goettges, Ulf C.; Häusler, Martin: »Du sollst den Wähler für dumm verkaufen«, Lübbe Verlag, Köln 2013.

[2] Siehe 1.

20. STELL DIR VOR, KINDER UND JUGENDLICHE ORGANISIEREN SICH ALS LOBBYGRUPPE!

[1] Goettges, Ulf C.; Häusler, Martin: »Du sollst den Wähler für dumm verkaufen«, Lübbe Verlag, Köln 2013.

[2] Häusler, Martin: »Lösungen für zehn Milliarden Menschen«, in: Karriereführer green-tech 2012/2013.

21. STELL DIR VOR, ES GIBT KEINE MASSENTIERHALTUNG MEHR!

[1] Küper, Stefan: »Umweltschutz: Das Steak als Klimakiller«, in: wz-newsline.de am 9.4.2007.

[2] N. N.: »Vegan ernährt die Weltbevölkerung«, in: vegan.eu am 26.82013.

22. STELL DIR VOR, WIR KÖNNEN IM SUPERMARKT BIOPHOTONENSCANNER NUTZEN!

[1] Popp, Fritz-Albert: »Die Botschaft der Nahrung«, Verlag Zweitausendeins, Frankfurt am Main 1999.

[2] Schrödinger, Erwin: »Was ist Leben?«, Piper Verlag, München 1989

[3] Siehe 1.

23. STELL DIR VOR, DER JOURNALISMUS STELLT WIEDER DIE VIERTE MACHT IM STAATE!

[1] Goettges, Ulf C.; Häusler, Martin: »Du sollst den Wähler für dumm verkaufen«, Lübbe Verlag, Köln 2013.

[2] Häusler, Martin: »Fürchtet euch nicht! Die Vertreibung der deutschen Angst«, Scorpio Verlag, München 2011.

[3] Siehe 2.

4   N. N.: »Die angesehensten Berufe 2013«, in: finanzen.net am
    8.9.2013.

24. STELL DIR VOR, WIR VERFÜGEN ÜBER GEISTIGE SUPERSINNE!

1   Blech, Jörg: »Selbstheilungskräfte: Gesund durch Zuversicht«,
    in: spiegel.de am 12.1.2014.
2   Hollerbach, Dr. Lothar: »Der Quanten-Code«, Trinity Verlag,
    München 2010.
3   Lipton, Bruce; Bhaerman, Steve: »Spontane Evolution«, Koho-
    Verlag, Burgrain 2014.
4   N. N.: »Anwendung von Remote Viewing«, in: remoteviewing-
    institute.com am 13.4.2014.

25. STELL DIR VOR, JEDER SAGT DIE WAHRHEIT!

1   N. N.: »Korruption: Pro Jahr fließt eine Billion Dollar Schmier-
    geld«, in: spiegel.de am 2.4.2007.
2   Newman, Alex: »World Bank Insider Blows Whistle on Corrup-
    tion, Federal Reserve«, in: thenewamerican.com am 22.5.2013.
3   Zittlau, Jörg: »Die ganze Wahrheit über das Lügen«, in: welt.de
    am 13.5.2012.
4   N. N.: »Studie: Reiche Menschen lügen und betrügen mehr«, in:
    umwelthauptstadt.de am 5.2.2014.
5   Siehe 3.
6   Siehe 3.

27. STELL DIR VOR, MEDITATION IST DAS NEUE JOGGEN!

1   N. N.: »What 20 Minutes Of Yoga Does For Your Brain«, in: huf-
    fingtonpost.com am 11.6.2013.
2   Ricard, Matthieu; Singer, Wolf: »Hirnforschung und Meditati-
    on«, Suhrkamp, Berlin 2008.
3   Mientka, Matthew: »Transcendental Meditation Boosts
    High School Graduation Rates …«, in: medicaldaily.com am
    10.6.2013.

28. STELL DIR VOR, WIR BEGEGNEN DER MACHT DER MASCHINEN MIT EINEM JOBWUNDER!

[1] N. N.: »Langfristig wird die Arbeit verschwinden«, in: stuttgarter-zeitung.de am 29.4.2005.

[2] Siehe 1.

29. STELL DIR VOR, WIR GEWINNEN ENERGIE AUS DEM ÄTHER!

[1] Hertz, Heinrich: »Über sehr schnelle elektrische Schwingungen«, Verlag Harri Deutsch, Frankfurt am Main 2001.

[2] N. N.: »Nikola Tesla – Kosmische Energie im Überfluss«, in: teslasociety.ch am 9.4.2014.

[3] Siehe 2.

[4] Jebens, Klaus: »Urkraft aus dem Universum«, Jupiter-Verlag, Zürich 2006.

[5] Häusler, Martin: »Die wahren Visionäre unserer Zeit«, Scorpio Verlag, München 2010.

[6] Siehe 5.

[7] Siehe 5.

[8] Siehe 1.

[9] N. N.: »Brasilianische Erfinder präsentieren angeblich marktreifen Freie-Energie-Generator«, in: grenzwissenschaft-aktuell.de am 17.12.2013.

30. STELL DIR VOR, DEUTSCHLAND STELLT SEINE RÜSTUNGSEXPORTE EIN!

[1] GKKE-Fachgruppe Rüstungsexporte: »Rüstungsexportbericht 2013 der GKKE«, Berlin/Bonn 2013.

[2] Siehe 1.

[3] Siehe 1.

[4] Bökenkamp, Gérard: »George W. Bushs Kriegs-Keynesianismus: Rüstung macht ein Land nicht reich«, in: ef-magazin.de, abgerufen am 31.3.2014.

31. STELL DIR VOR, HERZENSBILDUNG WIRD GELEHRT!

[1] Leffers, Jochen: »Frust im Lehrerzimmer: Ungeeignet, überfordert, resigniert«, in: spiegel.de am 15.10.2007.

32. STELL DIR VOR, WIR ERLEBEN EINEN EVOLUTIONSSPRUNG!

[1] Sheldrake, Rupert: »Der siebte Sinn des Menschen«, Fischer Taschenbuch Verlag, Frankfurt am Main 2006.
[2] Siehe 1.
[3] Siehe 1.
[4] Lipton, Bruce; Bhaerman, Steve: »Spontane Evolution«, Koho-Verlag, Burgrain 2014.

33. STELL DIR VOR, WIR LEBEN DIE FREIE LIEBE!

[1] Grün, Julia: »Von wegen Monogamie – Was Frauen wirklich wollen«, in: welt.de/icon am 10.4.2014.
[2] Binswanger, Michèle: »Die große Lüge«, in: zeit.de am 27.3.2012.
[3] Bergner, Daniel: »Die versteckte Lust der Frauen«, Albrecht Knaus Verlag, München 2014.
[4] N. N.: »Sex wirkt wie Medizin«, in: gesund.co.at am 19.6.2010.
[5] Hollweg, Petra: »Dem Seitensprung treu«, in: focus.de am 14.2.2008.

34. STELL DIR VOR, WIR ETABLIEREN EINE FREIWILLIGE CYBERWEHR!

[1] Hollstein, Miriam: »BKA sucht nach staatstreuen Hackern«, in: welt.de am 11.9.2012.
[2] N. N.: »Österreich überlegt Aufstellung einer freiwilligen Cyberwehr«, in: derstandard.at am 28.6.2012.
[3] Clauß, Ulrich: »Gegenangriff im Cyberspace«, in: welt.de am 16.7.2012.

36. STELL DIR VOR, DER MOND IST DAS NEUE MALLORCA!

[1] N. N.: »Tote Sterne: Forscher entwickeln Navigationssystem für interstellare Reisen«, in: grenzwissenschaft-aktuell.blogspot.de am 3.4.2012.

[2] N. N.: »Physiker: Wurmlöcher auch ohne exotische Materie möglich«, in: grenzwissenschaft-aktuell.blogspot.de am 30.3.2012.

[3] N. N.: »Vorbild Star Trek: NASA-Physiker halten echten Warp-Antrieb nun doch für vorstellbar«, in: grenzwissenschaft-aktuell.blogspot.de am 18.9.2012.

[4] N. N.: »US-Ingenieur fordert: Baut ein echtes Raumschiff Enterprise«, in: grenzwissenschaft-aktuell.blogspot.de am 14.5.2012.

37. STELL DIR VOR, WELTWEIT WIRD EIN BEDINGUNGSLOSES GRUNDEINKOMMEN GEZAHLT!

[1] N. N.: »85 besitzen so viel wie die Ärmsten der Welt«, in: welt.de am 21.1.2014.

[2] Tutu, Desmond: »Archbishop Tutu on Basic Income«, in: youtube.com am 8.11.2006.

[3] Mously, Sarah: »Geld für alle«, in: hochschulanzeiger.faz.net am 22.1.2013.

[4] Werner, Götz: »Eine Utopie von Götz Werner: »Bedingungsloses Grundeinkommen für alle«, in: zeit.de am 14.11.2012.

39. STELL DIR VOR, WIR STELLEN UNS UNSEREN ÄNGSTEN!

[1] Häusler, Martin: »Fürchtet euch nicht! Die Vertreibung der deutschen Angst«, Scorpio Verlag, München 2011.

[2] Siehe 1.

40. STELL DIR VOR, DIE WELT LEBT NACH DEN GESETZEN DES AYURVEDA!

[1] Macaulay, Thomas Babington: »I have travelled …«, in: en.wikiquote.org am 1.2.2014.

² Macaulay, Thomas Babington: »Macaulay's Minute On Indian Education«, in: oldsite.english.ucsb.edu am 6.4.2014.

³ Keßler, Christian S.; Michalsen, Andreas: »Ayurveda – Traditionelle indische Medizin: Mehr als ein Wellnesstrend«, in: aerzteblatt.de 10/2013.

⁴ N. N.: »AyurVision 2014«, in: naturheilkunde.immanuel.de am 6.4.2014.

⁵ Krenner, Lothar Dr.: »Fachstudien zu Ayurveda«, in: ethnomedico.com am 6.4.2014.

41. STELL DIR VOR, WIR BEGRENZEN DIE WOCHENARBEITSZEIT!

¹ N. N.: »100 Forscher und Politiker fordern 30-Stunden-Woche«, in: focus.de am 11.2.2013.

² Baumgarten, Silke; Schütte, Sinja: »Soziologin Jutta Allmendinger: ›32 Stunden sind genug‹«, in: Brigitte 1/2013.

³ Paech, Niko: »Wachstumsdämmerung«, in: Oya 7/2011.

42. STELL DIR VOR, WIR FÜHREN EINE POLITISCHE HAFTPFLICHT EIN!

¹ Goettges, Ulf C.; Häusler, Martin: »Du sollst den Wähler für dumm verkaufen«, Lübbe Verlag, Köln 2013.

² Siehe 1.

43. STELL DIR VOR, WIR MACHEN FLUGHÄFEN UND AUTOBAHNEN DICHT!

¹ Riedeberger, Anja: »Moderne Konsumgesellschaften sind nicht reformfähig«, in: goethe.de im April 2012.

44. STELL DIR VOR, AUF DEN FINANZMÄRKTEN HERRSCHT DIE SCHARIA!

¹ Interview mit Dirk Müller in »Lanz« (ZDF) vom 27.9.2011.

² Akyel, Emre: »Mit Allahs Segen – Ist Islamic Banking eine Alternative?«, in: nexworld.tv am 20.9.2013.

³ Kalhammer, Barbara: »Mit Allahs Segen investieren«, in: punktmagazin.ch am 29.98.2012.

45. STELL DIR VOR, WIR SCHAFFEN WIEDER URWÄLDER!

[1] N. N.: »Globale Aufforstung wäre möglich«, in: science.orf.at am 26.11.2009.

[2] N. N.: »Gegen die Erderwärmung bringt Aufforsten nichts«, in: Die Welt vom 20.6.2011.

[3] Krohn, Philipp: »Wohlstand besteht nicht nur aus Einkommen«, in: faz.net am 18.4.2011.

[4] Häusler, Martin: »Die wahren Visionäre unserer Zeit«, Scorpio Verlag, München 2010.

[5] Despommier, Dickson: »Let's Start With Ten Percent And See What Happens Next«, in: theverticalfarm.com/blog am 10.3.2014.

46. STELL DIR VOR, WIR ERKUNDEN ALS PSYCHONAUTEN UNSER INNERSTES!

[1] Pinchbeck, Daniel: »The Ayahuasca Monologues«, in: Youtube.com am 8.5.2012.

[2] N. N.: »Ayahuasca Can Change Your Life – As Long As You're Willing To Puke Your Guts Out«, in: laweekly.com am 21.11.2103.

[3] Siehe 2.

[4] Häusler, Martin: »Sind wir noch zu retten?«, in: Tush 4/2012.

[5] Siehe 4.

47. STELL DIR VOR, DER SONNTAG IST TATSÄCHLICH RUHETAG!

[1] Bei der Kellen, Ralf: »Am siebten Tag sollst du ruhen«, in: dradio.de am 7.11.2009.

[2] N. N.: »Dramatisch: In Deutschland ist fast jedes zweite Kind seelisch krank«, in: deutsche-wirtschafts-nachrichten.de am 21.11.2013.

[3] Bleiker, Carla: »Rekord-Krankenstand in Deutschland«, in: dw.de am 9.3.2014.

[4] Siehe 1.

[5] Nietzsche, Friedrich: »Menschliches Allzumenschliches«, Anaconda Verlag, Köln 2006.

48. STELL DIR VOR, WIR SCHMELZEN ALLE FILMPREISE EIN!

[1] Krug, Christian; Meyer-Minnemann, Anne: »Am liebsten verbringe ich Zeit mit mir selbst«, in: Gala vom 10.4.2014.
[2] Regalado, Antonio: »Durchbrüche für sieben Milliarden Menschen«, in: Technology Review am 9.10.2012.
[3] Siehe 2.

49. STELL DIR VOR, WIR FÖRDERN ROHSTOFFE IM ALL!

[1] Taylor, Chris: »Richest Company«, in: mashable.com am 27.4.2012.
[2] Jüngling, Thomas: »Fliegende Rohstoffe«, in: Welt am Sonntag vom 23.3.2014.
[3] Serviss, Garrett P.: »Edison's Conquest of Mars«, Collector's Guide Publishing, Burlington, Canada 2010.
[4] Caulfield, Brian: »Planetary Resources Co-Founder Aims To Create Space Gold Rush«, in: forbes.com am 20.4.2012.
[5] N. N.: »14 kritische Metalle«, in: focus.de am 18.6.2010.

50. STELL DIR VOR, WIR VERTRÄUMEN UNSERE ZEIT!

[1] Gregoire, Carolyn: »How Daydreaming Can Actually Make You Smarter«, in: Huffington Post am 10.3.2013.
[2] Kaufman, Barry: »Why Daydreamers Are More Creative«, in: Psychology Today am 27.2.2011.
[3] Siehe 2.
[4] McGrath, Paul (Hrsg.): »John Lennons & Yoko Onos Give Peace a Chance Bed-In 1969«, LangenMüller, München 2009.

Bibliografische Information der Deutschen Nationalbibliothek

Die Deutsche Nationalbibliothek verzeichnet diese Publikation
in der Deutschen Nationalbibliografie; detaillierte bibliografische
Daten sind im Internet über https://portal.dnb.de abrufbar.

Verlagsgruppe Random House FSC® N001967
Das für dieses Buch verwendete FSC®-zertifizierte
Papier *Munken Premium Cream* liefert
Arctic Paper Munkedals AB, Schweden.

1. Auflage
Copyright © 2014 by Gütersloher Verlagshaus, Gütersloh,
in der Verlagsgruppe Random House GmbH, München

Druck und Einband: GGP Media GmbH, Pößneck
Printed in Germany
ISBN 978-3-579-07073-5

www.gtvh.de